U0086831

天下文化
BELIEVE IN READING

| 教育教養 | EP008

教出這樣的好孩子

幼教博士陳姝伶的媽媽經

陳姝伶、佘怡菁 合著

目錄

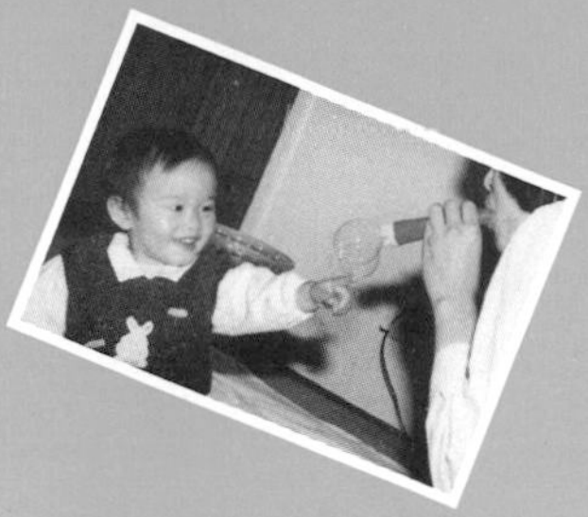

2 自信心，從與父母的親密關係開始

3 讓孩子做情緒的主人

4 自動自發學習樂

5 正確的價值觀，讓孩子受用一生

6 當孩子犯錯時，別急著罵！

來自媽媽們的推薦

陳品綺

等了好久好久，這本書終於要出版了。

姝伶是我親愛的表嫂，是我在美國方圓五百里內唯一的親戚，是我的育兒顧問，也是我的心理諮商師。

我到美國唸書時只有二十三歲，對帶小孩一點概念都沒有。記得當年借住表嫂家時（當年外甥及外甥女是四歲及兩歲），看到表嫂又煮飯又做家事又陪孩子，而且整天笑嘻嘻，只覺得她好能幹。等到我自己當了全職媽媽（我有兩個小孩，目前六歲及三歲），二十四小時周旋在孩子身邊時，才了解到我需要很多的愛、無數的耐心、無敵的信心、不斷的努力，還要很多很多的好方法，才能做個快樂有自信的媽媽。這也讓我不時回想起當年的表嫂，能快樂又有方法和小孩度過每一天是多麼的不容易。

十幾年前借住表嫂家時，有一件小事讓我印象深刻。當年外甥四歲，他和妹妹躲在廁所玩衛生紙，等到大人看到時，整捲衛生紙已經撒得整間廁所到處都是。我心想糟了，外甥一定會被臭罵一頓，沒想到表嫂竟是冷靜的先讓外甥收拾散落一地的衛生紙，然後曉以大義，告訴他衛生紙是用樹做出來的，並反問外甥，你不是一直說要愛護地球嗎？你知道這些衛生紙要砍掉多少樹才能做出來嗎？整件事就在外甥道歉後平靜的落幕。這件事後來在我育兒過程中一直反覆出現在腦海中，每當小朋友做錯事或調皮搗蛋讓我想大發雷霆的時候，我會盡量壓下怒氣，告訴他們為什麼這件事不能做（當然破口大罵的時候偶爾還是會出現）；也讓我常常自我反省，臭罵小孩一頓，除了在當下發洩了我的情緒之外，並沒有其他的好處，我應該學著用更有效更理智的方式，站在小孩的立場來處理他們不當的行為。

記得有一次我家老大（五歲）一邊吃飯一邊玩飯粒，因為這個壞習慣不是第一次了，那天壓不下怒氣的我就一直數落他：「媽媽講了多少次了？」、「為什麼浪費食物？」、「我說了幾百次了為什麼不記得？」等我氣衝衝的說完之後，我問他記不記得媽咪剛剛說什麼，他回答我：「妳問我說了幾百次了？」我當場傻眼，這不是我要表達的重點呀，我要他記得的是「食物要愛惜不可以玩」，但我爲了發洩怒氣而罵了一大堆，孩子根本不知重點是什麼，而且整件事的處理過程我說氣話罵人的比例大概有九成，也難怪他沒有聽懂。這時我又會回想起表嫂處理孩子不當行爲的畫面，記得表嫂告訴我：媽媽當然可以生氣，可是要讓孩子知道爲什麼媽媽會生氣。後來我自己想一想，我會生氣有一部分是因爲浪費食物，一部分是因爲玩飯粒弄得到處黏黏的很難清理，還有一部分是因爲我重複說了很多次了。可是我的生氣發怒，這三個重點還是沒有辦法傳達給孩子。所以事後我又和孩子溝通了一次，而這次他也聽進去了。這個事件，讓我又有一次機會演練實現表嫂的方法，也讓我知道小孩不是故意「白目」不聽話。

最後我要謝謝表嫂，永遠是我的精神後盾，在我快要被小孩的無理取鬧搞得抓狂時，讓我相信不打小孩是可行的；在我被小孩的話激到神經緊繃時，讓我相信小孩正常的頂嘴是可接受的；在我偶爾對小孩失去信心懷有疑問時，讓我相信自己的小孩不是壞孩子。表嫂，謝謝妳。

最後最後，希望這本書的出版，能幫助許多爸爸媽媽，讓大家在育兒教養孩子的路上，相信自己的孩子，給自己和孩子更多空間自由飛翔。

陳慧珊

姝伶終於出書了！除了替她高興，更替有機會讀她新書的年輕父母高興。這不是教育家的教養理論或是個案討論，而是一位全職母親將她的專業知識落實於生活的呈現。這十幾年來，姝伶不僅成功的將她的教育理念應用於教養她的一對兒女上，同時也將她的理念與在矽谷的年輕媽媽們分享。從「親子樂園」的定期聚會，分享教養問題及社會資源，一直到近幾年帶領媽媽讀書會，姝伶總是耐心的聆聽每位媽媽的問題，幫助她們從不同的角度來看問題，並幫她們去欣賞每個孩子的特質，和依據孩子的特質來教育。她平易近人，雖有教育博士的頭銜，卻沒有博士的架子，教人信服。

我覺得姝伶教養兒女最成功的一點，是孩子們做人處事上的表現。雖然她的一對兒女在課業和課外活動上的表現都很優異，但他們並不驕傲，自以爲是，反而很樂意幫助別人，而且懂得欣賞別人的優點。在現代青少年裡，這是很難得的特質。舉例來說，姝伶的兒子小提琴拉得很好，有足夠能力可以參加校外比較專業的青少年樂團，但他選擇留在學校樂團。而一般公立學校樂團程度參差不齊，所以對一個學音樂且音感很好的孩子來說，這樣的練習環境不但沒有挑戰，而且還是折磨（因爲音不準，拍子不對），所以大部分程度較好的孩子會選擇校外樂團。而他卻選擇留下來，並且爲了提高樂團素質，自動向老師請纓，願意指導小提琴部分的練習。

姝伶的女兒是一個善解人意、觀察力敏銳的孩子。一般青少年對權威多少都有反叛性。在美國，對老師的態度往往也很不尊敬，特別是人緣不是很好的老師。學生往往不是當面挑戰，就是私底下批評。到了過節時，人緣好的老師往往會收到很多禮物，人緣較差的老師就顯得淒涼。她總是會注意到老師的不平等待遇，而特別去謝謝那些被遺忘的老師。

我想光從姝伶兩個孩子的身上，就可看到一個成功教育的實現。而這個成功的背後，是姝伶從孩子小時候就開始一點一滴的灌溉，從潛移默化的身教所耕耘而成的。教育是需要時間、耐心和堅持的。不是看了一個成功的教育方法，依樣畫葫蘆在家嘗試幾天，就能開花結果。而姝伶讓我們看到了這些。

莊美珍

一九九一年的夏末，我們全家開開心心地從伊利諾州搬到矽谷來享受加州的陽光。大女兒安安差不多一歲半，逐漸擺脫出門大包小包、瓶瓶罐罐的麻煩；老公因爲改唸電腦需要加倍認眞，雖然在家時間多了，可是我們母女倆都不能隨便打擾。孩子一天天長大，活動力也愈來愈強，小小的公寓根本就關不住這個小人兒，每天一定要帶著她到附近公園「溜溜」，不過因爲語言與剛搬到新環境的關係，也不敢隨便跟人聊天。留學生太太的寂寞、帶孩子的壓力與先生焦頭爛額的學業相衝突，慢慢浮現在王子與公主的現實生活中。

那年十一月，在《世界日報》地方版上，讀到一位擁有幼教博士學位的太太陳姝伶正在尋找南灣有興趣的家長，帶著幼兒一起聚會，找玩伴。我與老公商量後，他舉雙手雙腳贊成，鼓勵我出去交朋友，免得天天在家黏著他。於是，我照著報紙上的電話打過去，報名參與了這個媽媽聚會，而牽起了我們全家人與「親子樂園」的緣。

在「親子樂園」裡，我認識了一群有相仿年紀孩子的媽媽們。剛開始，每個禮拜的活動只是媽媽帶著小孩找伴玩。後來，我們愈來愈需要聆聽姝伶專業的心得分享，好學習運用在教導孩子上。於是我們開始規劃聚會模式：有輪值媽媽，帶著所有小孩一起玩或安排說故事時間，讓其他媽媽能安心地聚在一起聽姝伶有系統地分享幼教專業的知識。甚至到後來，有位提前退休的小兒科大夫畢醫師慕名而來，加入固定的聚會，讓我們這個團體的聚會方式更具吸引力。回想當年，我們這些所謂的會員媽媽的背景，幾乎都是台灣來的留學生太太，先生不管是仍在就學或已就業的，個個工作時間都很長，很多太太離鄉背井的寂寞和教養孩子的無助，都因這個團體得到了支持，「親子樂園」更成為許多家庭全家活動的重心。除了參加固定聚會，聆聽姝伶親子教育的知識外，孩子的健康問題也有專業的畢大夫可以諮詢；逢年過節，媽媽們更是挖空心思地辦各式各樣的活動，如年底的聖誕節晚會、農曆過年晚會、復活節撿蛋、母親節公園烤肉、暑假露營、郊遊登山等等。最遠的一次，大家包了一部遊覽車到了加拿大的班芙冰原。這些年下來，不僅孩子有伴一起長大到現在，媽媽們結交知心好友外，更有一群爸爸星期六一大早相約打網球、打高爾夫球呢！當年姝伶成立「親子樂園」的初衷，應該沒想到有這麼長遠的效應吧！

一些媽媽每次聽完姝伶的演講，都覺得她一定是照書上的理論來跟我們分享她帶孩子的經驗，但是相處久了，就發現她眞的就是可以將書上的那些理論，徹底地實現在生活中。尤其她帶孩子的方法，那種耐性和凡事與孩子講理的態度，實在不是平凡人能夠辦到的。可是，在她的耳提面命下，我們聽多了，照著做眞的還是可以改善自己親子間的關係。例如，她比喻手足間妒嫉的心，居然要我們想像，如果你的老公娶小老婆，那大老婆會如何地吃醋、不理智。這個道理讓我們馬上就能體會到老二出生後，老大的心情是如何。姝伶更一再提醒我們，要幫助孩子找到、發掘出長處，讓孩子順著他們的長處去做，才能有事半功倍，最好的發展。

這些年以來，我們的孩子漸漸長大了，姝伶發心到處受邀演講，主持成長班讀書會等，幾乎滿滿的行程表，一丁點都沒有自己的生活。感恩姝伶創辦「親子樂園」的世界，讓我們一起成長、一起歡笑。另外，我也要替大家感恩她的先生，和姝伶兩位貼心的兒女，願意把這麼好的太太和媽媽跟大家分享。

項才容

近三年來在北加州慈濟有幸參與了陳姝伶博士的親子成長課程，那些課程成了我最重要的親子成長寶庫。我由一個在美國知名企業的上班族變成一個全職媽媽，雖然放棄了原來的生活規劃，卻了解到教育孩子是一個更重要的任務。在陳老師輕鬆有趣的談話中，一個個教育的實例都呈現了她清晰的思考和心得。

藉由和陳老師學習的過程，我才可以正確面對孩子成長的每個環節。比方說當孩子剛學習走路時，對於任何東西都想摸一摸，玩一下，陳老師教我們要讓孩子去觸摸而從中學得知識，但是我們總是害怕孩子把東西弄壞了或是自己受傷，所以常常大驚小怪的叫罵一番，陳老師提供了很多創意的方法，讓我們既不會心疼自己心愛的東西，又可以讓孩子學會物品的構造。

看電視相信是所有父母對孩子最頭痛的一部分，孩子只要一坐在電視機前，不管怎麼叫怎麼喊就是那一副心不甘情不願的表情。陳老師也一再告訴我們如何把看電視變成更具教育意義的事（當然最好是不要看）。當我家的孩子不再看電視時，我發現我和孩子有更多的時間去多唸一本書，多談談話，或多去戶外走走，連學習的時間都多出來好多，當然在沒有時間的壓力下，我們的心情就更輕鬆愉快！所以我們學到的不僅僅是理論，也是一招招生活中的實用妙法。

證嚴法師曾這樣說：「我們要有愛心、用心來從事教育工作，讓『愛的循環』建立起來。」看著孩子的成長，慢慢回想這些年和陳老師學習的過程，家長和孩子及陳老師那種愛的互動，覺得這眞是一個「愛的循環」的例證。

陳慈描

在美國生養孩子，有時會覺得力不從心，因爲長輩不在身邊，遇到問題都不知道要問誰。即使曾經從事過教育工作，但我遇到孩子的教養問題時，仍會覺得無所適從。這時幸好我遇到了陳姝伶老師，讓我在如何當個稱職的母親這條路上，有個好教練幫我加油。

穎天六個月大時，一群朋友邀請陳老師每週來幫我們這群新手媽媽上課。三年匆匆過去，我們問陳老師的問題，也從一週歲前的如何斷奶、餵副食品，到三、四歲的如何教孩子情緒管理、培養科學興趣及如何選幼兒園等等。每次上課，眾媽媽們請教老師的題目五花八門，而陳老師也能視個別情況，不厭其煩地給予詳細的回答。聽到幼兒們的共同點，媽媽們都會頻頻點頭會心微笑；若有媽媽爲孩子的某一件事感到困擾時，大家也會彼此打氣，而我們共同的教練，就是陳姝伶老師。

每當有媽媽提出幼兒哭鬧的問題時，陳老師常提醒我們，因爲孩子還不會講話，無法表達自己的情緒及需要，所以做媽媽的要多體諒，並要試著說出孩子的感覺，而不是一味責怪。兒子學走路期間有一次跌倒，外公捨不得他哇哇大哭，連忙打地板叫他別哭。我把孩子抱到懷裡，對他說：「痛痛，痛痛，媽媽知道。」安撫一下後，小孩就不哭了。我轉頭對父親說：「不是地板害他跌倒的，不用怪地板啦！只要說出他的感覺就好了！」父親馬上笑而不言，對我的「新觀念」似乎也頗爲佩服。

兒子常常一頓飯餵兩、三個小時，餵到我和先生都氣得七竅生煙，小孩也覺得委屈。雖然當時穎天尚不會說話，我開始以陳老師教的方式，教他摸自己的肚子表示「飽飽」，並告訴他：「你這樣做，我就讓你從嬰兒椅上下來。」幾次之後穎天就學會了。他學到的，不只是摸摸肚子表示吃飽而已，也學到了與人溝通的方法，還有就是對我的信任，知道母親是講理的，所以不用哭鬧也可以表達。

等到穎天漸漸會講話後，吃起飯來細嚼慢嚥的他，讓向來急性子的我只好改變戰術。延伸陳老師所教的「體諒孩子」的原則，當孩子告訴我他不想吃時，我問他：「爲什麼？是沒胃口嗎？還是媽媽做的菜不好吃？」如果直接問他爲什麼，孩子由於表達能力及詞彙有限，往往說不出來，但當我給他選擇題時，孩子就會告訴我答案。孩子不但從中學會使用語言及表達能力，也鼓勵了我廚藝的進步。

到了三歲，穎天依然一頓飯吃上好久，之前的方法都無效時，我眞的是黔驢技窮了！那一天恰好和陳老師一起用餐，陳老師看到一直要從椅子上溜下去玩的穎天，就把他抱到懷裡，摸著他的小肚肚說：「我看看你的肚子還可以吃上幾口？嗯！還可以吃上三口。」穎天竟然開心地把嘴巴張開，陳老師一面餵他吃，一面說：「你吃胡蘿蔔，你的眼睛會跟你說謝謝。」穎天再次把嘴巴張得大大的，陳老師又說：「你吃豆子，你的骨頭會跟你說謝謝。」就這樣，穎天居然乖乖地把一碗飯吃完了。而且隔天在家裡用餐時，他還可愛地撩起上衣下襬，露出小肚子對我說：「你摸摸看，看我還能吃幾口？」在這樣的情境下，穎天不但發展出數字的加減觀念，也知道食物能帶給他營養，吃飯時常常指著碗裡的東西問我：「我吃這個，我的什麼會跟我說謝謝？」

由於陳老師教我們要以同理心來待孩子，說出他的需要，久了孩子自然知道如何表達，所以兒子不但發展了語言能力，也發展了情緒智商，同時母子之間更因爲講理及親密，小孩哭鬧的情況就相對減少。偶爾我快要被孩子搞得抓狂時，也比較能以幽默、體諒的態度來對待。自己的情緒穩定後，孩子自然就更加喜歡親近我。親子之間能建立溝通與互信，孩子自然也會比較好帶。

感恩陳老師一路來的辛苦指導，讓我在扮演母親這個角色上愈來愈得心應手。因爲把陳老師所教的應用在自己的孩子身上，無論是親子之間、對孩子的教養、還是與配偶的關係都愈來愈好。因爲陳老師的無私，我才能在扮演「母親」這個突如其來的人生角色時，眞正樂在其中。

自序

以孩子爲中心的教養法

陳姝伶

今年母親節收到姪女傳來的一篇作者不詳的英文小品的簡訊，題目是「媽媽的愛」。內容大致是這樣：「一歲時，媽媽辛勞餵飯、洗澡，你回給她一夜的哭鬧。二歲時，媽媽教你走路，你用跑離回應她的呼喚。三歲時，媽媽用愛烹煮三餐，你回給她滿地食物。……九歲時，她繳了鋼琴學費，你卻練也不練一下。……十一歲時，她帶你和你的朋友去看電影，你叫她坐到另一排。……二十歲時，她問你有沒有異性朋友，你回答『不關你的事』。三十歲時，她打電話提供照顧嬰兒的忠告，你告訴她時代不同了。四十歲時，她提醒你親人的生日，你答說『我很忙』。五十歲時，她說她病了，需要你的照顧，你讀了一段老人如何變成子女負擔的文章回應她。然後，有一天，她悄悄的走了，一切你沒能爲她做的事，像雷電般敲擊著你的心！」我把這篇短文傳給兩個孩子。隔天，兒子對我說：「媽媽，那篇文章我讀了，很感動！」又補了一句：「我五十歲時，絕不會那樣對你的。」這回輪到我感動了。

在陪伴一雙兒女成長的過程，我對他們當然也有所期待。打從兒子五歲時，我對他們的將來提出三個條件，希望他們以後做的事是：自己眞正喜歡的、可以充分發揮自己長處，以及對他人有益的。十幾年來，我們一直共同探索的是他們眞正的興趣，協助孩子了解自己的優缺點，也不斷討論「對他人有益」的各種涵義和可能性。兒子高二時，當別人都搶著修很多AP（大學先修課），以利未來大學申請時，他卻選擇修一門生化實驗課，我舉雙手贊成。因爲他很喜歡化學，打算走生化研究的路，但不確定自己對實驗室是不是眞的有興趣。結果，他發現自己非常適合，今年高三更成了那門課的助教，肯定了未來的方向。讀著他大學申請表裡寫的：「對大學我已準備好了……任何的挑戰都難不倒我……。」他是準備好展翅高飛了，而我卻有萬分不捨，十七年來的點點滴滴盡浮上心頭。

兒子成了實驗品

兒子一歲半時，我拿到博士學位，深感幼兒階段的重要，決定當個專職媽媽。兒童發展理論幫我了解孩子成長的過程，但並沒有教我怎麼當媽媽，也沒有提及媽媽是二十四小時的工作，需要無限的耐心和精力。一路走來，兒子自然成了實驗品，我也不斷的從錯誤中學習。最嚴重的一次錯誤發生在兒子五歲時。有整整那麼一星期，我像吃錯藥似的，每天挑剔兒子的毛病，讓兒子每天都很不快樂，我也非常的沮喪。第七天時，我反問自己對孩子的吹毛求疵合理嗎？五歲的孩子會和其他小朋友跑上跑下，會丟小枕頭，眞的那麼不能忍受嗎？我的同理心到哪兒去了？然後，我醒悟到，原來是自己那顆在乎別人覺得我「理論說得頭頭是道，孩子卻教不好」的心在作祟。

由於旅居美國，有感於有許多和我處境相同的新手媽媽在異地孤軍奮鬥，兒子一歲半時，我組了「親子樂園」，把自己所學和其他人分享。在團體裡，自己一直扮演「顧問」的角色，在聚會時，無形中期望兒子表現得體，以不辜負「專家」的盛名。結果，我把自己的壓力加諸在孩子的身上。認清了是我的問題之後，我向兒子道歉。兒子搞不清媽媽內心的變化，但很大方的原諒了我。

這件事對我最大的領悟是：養育孩子一場，等孩子長大了離開我們，維繫彼此之間的不就只是親子間的關係嗎？爲了滿足別人心目中的媽媽形象，對孩子施加不必要的壓力，犧牲了關係，那是最不值得的事。別人認爲你是不是成功的父母不重要，你的孩子覺得你是好爸爸、好媽媽，喜歡與你親近，那才是眞正的成功。想通了這一點，讓我日後的教養之路輕鬆不少。

這本書除了記載我和孩子之間發生的故事，也是許多媽媽共同經驗的呈現。書中提到給予孩子自主性、尊重孩子、允許孩子重複犯錯、鼓勵孩子自動自發、滿足孩子的好奇心等等教養觀念，都是「以孩子爲中心」（child-centered）出發。這和父母自身成長過程中是「以大人爲中心」（adult-centered）取向的教養觀念很不相同。

細水長流的教養工作

在教養孩子的過程中，「以大人爲中心」的教養是較容易看到成果的做法，比如打一頓，孩子就乖乖的，但缺點是孩子會失去自我，而不想失去自我的孩子到了青春期就會反叛。「以孩子爲中心」的理念養育孩子是件細水長流的工作，守護的是孩子的好奇心、自尊心、自信心，希望孩子以自己獨一無二的自我快樂成長。

以「孩子爲中心」的教養方法對很多父母是件極具挑戰的事情。因爲自身的成長經驗，加上文化裡根深柢固的權威主義，父母在採用「站在孩子立場」的方式養育子女時，除了常常出現的疑慮之外，有些情形也往往令人十分沮喪，例如想要尊重孩子，卻忍不住使用了命令、威脅的口氣；想要包容孩子的錯誤，情急之下，卻大聲斥罵。若有此情形，父母請不必自責，要突破原生家庭的模式本來就不是件容易的事，這也是本書誕生的主因。希望此書一方面可以提供爸媽們在育兒技窮時一些其他可行的方法；一方面也扮演著提醒的功能，在爸媽們遇到挫折時，可以在書中找到堅持的鼓勵。

採用「以孩子爲中心」的教養方式另一挑戰是如何拿捏，因爲一不小心可能就會產生溺愛的情形。例如，孩子把不喜歡吃的東西吐出來是可以接受的行爲。教他把吐出的東西放在桌上是尊重；而若允許他把食物吐到地上，就是放縱。如何在幫孩子保有天生的自主性和自動自發的精神的同時，不流於放任、溺愛，是本書的另一目的。

過去一年多來，每週一次，怡菁用她記者的專業本色，對我提出了許多育兒的問題。譬如，有關幼兒，哪些問題是爸媽們最困擾的？父母最關心的學習問題該如何看待？情緒智商（EQ）應如何教導？管教孩子要注意哪些事情？加上我常演講的內容，得出了本書的架構。而靠著怡菁卓越的文筆，讓文章更具可讀性。我只能說這本書是在她的催生下誕生的。把我所學和經驗，和更多沒有機會碰面的爸爸媽媽們分享，是我的夢想，謝謝怡菁，幫我實現夢想。

最後要感謝一直支持我的先生，他常對人說：「我們家有一份收入，一份事業。我有收入，太太有事業，因爲她做的事很有意義。」還要感謝兩個孩子，慷慨地讓媽媽把他們的故事公諸於世。

自序

教養的完全實踐

余怡菁

認識姝伶時，老大只有三歲，老二一歲半，那時我推著一個雙人座的嬰兒推車，去參加「親子樂園」的聚會。在每個月一次或兩次的聚會中，媽媽們互相交換訊息，孩子們玩在一塊兒，身爲創辦人的姝伶還爲我們解答各種育兒上的疑難雜症。

那原是我在家帶孩子歲月中，最困頓挫折的日子，「親子樂園」成爲我主要的精神支柱。在這裡我認識了很多媽媽，彼此扶持幫忙，成爲好朋友；而最大的收穫是，從姝伶身上學到很多觀念和方法，成爲我在教養孩子上最寶貴的資源。

老二上幼稚園後，我重回職場。爲了兼顧孩子，我在社區的社服機構找了一份兼職工作，負責提供有幼兒的家庭各種生活和教養上的訊息。在社區中，我接觸到很多第一代移民父母，因爲成長和文化背景的不同，在親職教育上面臨很大的挑戰，不知道去哪裡尋找援助，親職教育講座的構想於是應運而生。因爲我居住的庫比提諾城華人眾多，我也在服務的機構中爭取到辦中文講座。當時經費有限，我央請姝伶幫忙，她慷慨地答應免費爲我們主講。

欲罷不能的講座

二〇〇四年開春，我們以「如何挑選幼兒園」爲題，分中、英、西班牙三種語言，辦了五場講座。中文講座來了五十多位家長，結束時，家長欲罷不能，圍著姝伶問問題，到九點鐘，因爲場地時間的限制，我們只好清場，家長們圍著姝伶在走廊又講了半小時。很多家長耐心等待，只爲問一個屬於自己孩子的問題。同時，我們幾個好朋友有感於孩子雖然上小學，但仍有很多親職功課要學，所以找來姝伶成立了媽媽讀書會，每月兩次，一起研讀中英文的親職教育書籍，由姝伶指導。

後來我在工作上又陸續請姝伶主講多場講座，每場都叫好又叫座。有次和卡拉巴薩圖書館合辦，合作的資深華人館員雪倫看著家長們圍著姝伶問問題，很感慨地說：「這些媽媽好幸福！我們當初在這裡帶孩子，沒有人告訴我們這些，也沒有人可以問問題。」回家的路上，想著雪倫的話，我突然想到，那我不是更幸福嗎？我有幸可以在姝伶旁邊學習、請益，解決我在教養孩子上的疑難雜症，我應該把這樣的幸運與福份和更多的人分享！

拉拉雜雜的一段背景，只不過要說明這本書的源起。姝伶聽說我出過兩本書，很早就詢問過我一起寫書的構想，但我總覺得工作加上家庭，好像分身乏術。很多人生的決定其實僅在一念之間，我一轉念之後，覺得這是因緣，這是該做的事情，就不再猶豫。這本書寫了兩年多，因為自己的工作，以及姝伶有八個媽媽團體和讀書會的指導工作，所以進度很慢，直到今年初我設立了部落格，開始貼上一篇篇文章，以部落格來催進度，慢慢看到書的雛型。

回頭看，我很慶幸自己做了這個決定。因為兩年多以來，和姝伶整理她的演講稿，一遍遍再推敲，把父母可能有的疑點和問題一一澄清，發現收穫最大的是自己。原本以爲自己累積了很多親職的知識和經驗，但其實還是不及格，還有好多功課要學。

眞正的教育

我在姝伶身上，看到的不是理論，而是完全的實踐。她教小孩子不浪費，身體力行，每餐碗裡不剩一點食物；她教孩子誠實，超市少算了一把蔥的錢，她帶著兩個稚兒回到服務台去補錢。我那時心裡想，眞麻煩！拖著兩個小小孩，再跑去多付五毛錢，這太折磨人了！但我慢慢了解其中的差別。眞正的教育，是透過生活中的點滴，去體現價值觀。就如姝伶所說，就是因爲帶著兩個孩子，所以一定要去補少算的錢。眞正的教育，是教化；很多時候，我們只教，沒有經過「化」的過程，於是淪爲說教。

很高興這些年下來，我終於開竅了！這麼簡單的道理，其實人人都知道，但唯有通過驗證，你才會眞正的相信，而唯有相信，才能成爲你的相信系統（believe system），成爲自己的價值觀。教育孩子不也同理嗎？我們做父母的，能做的就是提供機會和情境，讓孩子自己去經驗，透過他自己的驗證，而建構他的價值觀。我想這應該是姝伶這本書最主要的精神。

感謝有這樣的機緣，可以和姝伶合作，從她身上學習到做父母的功課，最難得的是，她提供了一個示範，讓我看到原來自動自發、快樂自信的孩子，是如何教養出來的。另外要強調的，這本書是姝伶十多年來專業和經驗的累積，我只是個催生者，有幸利用我的專長協助這本書問世，讓更多的父母可以在教養的路上多一份支持，多一份工具。

一歲的女兒想吃哥哥手上的冰棒，兒子先是不肯。我讓他自己決定要不要給妹妹吃。他馬上很大方的送到妹妹的嘴裡。自己作主的事，不用強迫，都會很甘心的實行。

1

別讓孩子失去自主力

三歲決定一生的說法，往往讓父母們擔憂會不會少做了什麼，耽誤了孩子；
也會心急，是不是錯過了，孩子會真的輸在起跑點。
孩子大約三歲時，腦細胞數量會達到成人的百分之八十，
不過，即使腦部大小已和大人十分接近，
但在認知和社會心理需求的發展上，仍在學習階段。
幼兒階段是孩子建立安全感和對人信任，
萌發自主性、好奇心和自動自發學習精神的關鍵時期。
只要引導得當，孩子將會對自己有能力學習這件事充滿信心，
那是孩子一輩子最需要的動力，這才是三歲能不能決定一生的關鍵。

媽媽抱抱

從子宮來到花花世界，對嬰兒來說，一切都是新鮮的，但也是陌生的。在子宮中緊緊被羊水包裹著的溫暖和安全感，必然還在記憶裡，所以幾乎所有嬰兒都喜歡被抱，而且有些孩子要被抱好久才滿足。

心理學家艾瑞克森（Erik Erikson）從社會心理危機的角度指出，〇到一歲的嬰兒是發展對人的安全感，培養對人的信任感和親密感的重要時期，不管是肚子餓了哭，尿布溼了哭，或是需要人抱而哭，都是一種求救的呼喚。有人去回應這些需要，孩子就會產生滿足和安全的感覺。

任由孩子哭很殘忍

嬰兒有時半夜哭，也不知道什麼原因，父母半夜要抱好久。老一輩的人，或甚至有些美國醫生，都會勸媽媽：不要抱，抱了會習慣，讓他哭幾個晚上就好了！

我並不贊同這種看法。不抱孩子而任由孩子哭，對我來說，就像有人溺水而見死不救，是很殘忍的。孩子在那一剎那很無助的時候，可能學會認了，哭累了還是會睡著，但這個過程對孩子心理所產生的感覺是：在我害怕、需要保護時，沒有人理我。這對孩子未來對人的信任感和安全感，可能會產生負面的影響。

有很多人說，不抱孩子，可以訓練孩子獨立，孩子哭幾天就不哭了。這種不哭，是認命的不哭，並不代表需要消失，隱含的是對人的不信任和不親

親子學習樂園

孩子大約一歲左右時會發現自己是個獨立的個體，在這之前，他以為他和媽媽（或是主要照顧者）是一體的。這發現是喜悅的，孩子會開始到處去探索，尤其配合走路，更擴大了他的活動範圍。生命在這時充滿了好奇，但也充滿了恐懼，因為最大的恐懼是媽媽會不見。

密。也有人反駁說，孩子小時候哭我沒有抱他，他長大了跟我還是很親密。個別的差異永遠存在，但可能的副作用和後遺症，是爲人父母者不能不謹慎的。

其實孩子對抱的需要，會隨著長大而減弱。到了孩子會翻身後，你想一直抱著他都很難。以我個人的經驗，兒子出生時就很喜歡被抱，白天一抱就睡，一放下就哭，所以我只能抱著他做事。剛開始是很辛苦，一直抱到五個月大，有一天放下以後，兒子竟然不再哭鬧，奇蹟似地睡得很安穩，此後再也不需要我一直抱著了。兒子六個月以後也從不認生，見人就笑咪咪的，非常有安全感，我想這和他在襁褓期安全感得到充分滿足必然有很大的關係。

最怕媽媽不見了

孩子大約一歲左右時會發現自己是個獨立的個體，在這之前，他以爲他和媽媽（或是主要照顧者）是一體的。這發現是喜悅的，孩子會開始到處去探索，尤其配合走路，更擴大了他的活動範圍。生命在這時充滿了好奇，但也充滿了恐懼，因爲最大的恐懼是媽媽會不見，所以更要牢牢抓緊媽媽。

在這種情況下，如果你必須和孩子分開時，一定要告訴孩子你的去向，如果把他託人照顧時，也一定要和他說再見，即使他會大哭大鬧，仍然要說再見，而且要強調「媽媽一定回來接你」，千萬不要自己偷跑掉。因爲這種一轉身媽媽不見了的恐懼，會讓他產生更深的焦慮，讓他覺得任何時候媽媽都可能會不見。

即使是在家裡，暫時離開孩子去拿東西或上廁所，也可以事先告訴孩子。這聽起來似乎有點誇張，但如果你了解這是孩子在認知發展中必須經歷的過程，將有助於減少孩子的恐懼。

與此時期同時出現的是怕生。在陌生的情境中，當孩子不敢獨自面對時，會想依賴媽媽的支持，所以也會緊緊黏著媽媽不放。這種情形下，父母可以幫助他熟悉陌生的環境。如果去朋友家，先別急著和朋友聊天，先陪孩子走一圈認識環境，陪他玩一下玩具，消除他的陌生感。聊天時，也要讓孩子能看得到你。如果孩子仍然不肯自己玩，要待在媽媽身邊，請以愛和了解來接受！每個孩子都不同，有些孩子因爲個性的關係，要更長的時間才能走過這個階段，你愈催他，愈急於讓他獨立，只會讓他更沒有安全感，等孩子安全感有了，焦慮自然就會消失！

可怕的兩歲

許多人談到「可怕的兩歲」（terrible two），都以爲孩子過了兩歲生日才開始。事實上，可怕的兩歲，指的是孩子十八個月到三歲左右。所以，如果你的孩子不到兩歲就很調皮，不必擔心，完全正常。而如果你的孩子一直到三歲都很乖，也不用懷疑，那是你的福氣。每一個孩子的發展都不一樣，並不是所有的孩子都會經歷可怕的兩歲。

可怕的兩歲會很困擾父母，說穿了，完全是因爲做爸爸媽媽的沒有心理準備：那個嗷嗷待哺，完全依賴的小嬰兒，變成一個行動自如，好奇心很強，又很有主見的幼兒，這前後的轉變太劇烈了。

前文曾提過，幼兒在一歲以前會以爲他和媽媽是一體的，一直到一歲時，才慢慢發展出自我的概念，發現自己是一個獨立的個體。對這個發現，他會有兩種混合的心理反應。一種是焦慮：和媽媽分離成兩個不同個體的焦慮。所以，有些孩子在這個階段非常的黏人，沒看到媽媽就哭鬧。主要是因爲他害怕，不知所措。另一種心理是對自己感到驕傲。學會走路，讓他活動空間變廣、加高；好奇心的驅使（智力發展上的一種渴求），讓他會想去探索四周的環境。這個探索的行爲，因爲沒有足夠的智力來幫忙做安全或是非判斷，常常惹得父母又驚又怕，又氣又惱。

說「不要」證明自己的存在

等孩子學會說話以後（約二歲半），一旦做「錯事」，爸爸媽媽責問之下，孩子有時會回答得頭頭是道，甚至把父母說過的話背出來，一副很懂事的樣子。但過不久仍然再犯。此時做父母的往往更生氣：道理都知道，卻一犯再犯，分明是故意的。

其實，這一階段的孩子絕不是有些媽媽形容的「人性本惡」。他們只是用他們有限的智力，用他們的方法來證明自己的存在，例如最常見的就是說「不要」。父母應該以平常心看待之外，有幾個方法可以協助我們更心平氣和的度過這可怕的兩歲階段。

首先，父母要減少說「不可以」的次數。孩子在這段期間很常說「不要」。爸爸媽媽可以先反省，這個「不」字是不是也是自己使用最多的字，甚至是自己先說出口的。對幼兒來說，爸媽說「不可以」時要服從，他們可以感受到父母的權威。爲了證明自己的存在，爲了要得到控制權，孩子也以「不要」來爭取自己在家中的一席之地。這是一種很自然的模仿行爲，如果你不喜歡孩子一天到晚把「不」字掛在嘴邊，自己就要盡量少說。

親子學習樂園

可怕的兩歲會很困擾父母，說穿了，完全是因為做爸爸媽媽的沒有心理準備：原本那個完全依賴的小嬰兒，變成一個行動自如，好奇心很強，又很有主見的幼兒。其實，這是孩子首次發現自我，試圖用各種方式來證明自己的存在，所惹出來的一些麻煩的代稱而已。

爲孩子示範正確的行爲

其次，對孩子說「不可以」的同時，請告訴孩子哪些行爲是可以接受的。減少說「不」，並不是不可以說。孩子正處於成長學習的階段，告訴他們哪些行爲是不被允許的，對他們很重要，但更重要的是要讓他們了解哪些行爲是可以接受的。

舉例來說，孩子拿積木敲魚缸，與其說：「小寶，不可以敲魚缸，再敲就打屁股。」不如說：「小寶，魚缸可以輕輕的摸，像這樣（示範一下）。媽媽知道，你會輕輕的摸。來，試試看。」帶孩子做幾次，誇他一下，然後，進一步，提供孩子可以敲打的東西，如塑膠桶子或餅乾盒子。告訴孩子：「這個盒子你可以敲。」孩子可能會再犯，此時你要重複示範。可以對孩子說：「媽媽提醒一下，要輕輕的摸。你會輕輕的摸的！」一般而言，對小小孩行爲的引導，提供他們可以接受的情境，教他們可以接受的行爲，遠比對他們一直說「不可以」效果大得多，對幼兒的影響也會更正向些。

很多父母以爲，不准做的事情要先給孩子警告。但是這階段的幼兒缺乏自我控制力，又充滿強烈的好奇心，事前的警告，等於是變相的提醒。

例如你擺了一盆花在客廳，本來孩子沒注意，可是你擔心他去挖裡面的土，所以告訴他：「不要摸泥土，土很髒，裡面有細菌，摸了會生病。」我保證他一定會去挖，因爲他要去試試你說的髒是怎麼回事；還有細菌，他也看不到，你說會生病，他要去試試你說的事情會不會發生。

孩子不是故意搗蛋

發展中的孩子，尤其是零至三歲的幼兒，許多讓父母不接受的行爲，如丟玩具、撕書本等，儘管父母一再提醒，但仍然沒有改善。其實，從幼兒發展的角度來看，那些行爲都是孩子對自己身體的運作、周遭環境的探索的正常表現，絕不是故意要整父母。父母不用生氣，也不用責怪，應把這些行爲當成是了解孩子的線索。

例如丟玩具，或任何東西拿到手就丟，這其實是孩子對自己手臂大肌肉的重複練習，只是他分不清哪些東西可丟，哪些東西不可丟。父母可以提供孩子安心練習的情境，如拿個洗衣籃，用大人襪子作成球，讓他丟，又安全，又可以滿足他的慾望，如果他拿了玩具要丟，只要提醒他：「玩具是不可以丟的。要丟的話，拿籃子來，我們玩丟球的遊戲。」

撕紙則是小肌肉的運作。父母可以把廣告紙收在紙箱裡，告訴他：「裡面的紙你可以撕，書和雜誌不可以。」一再重複，直到孩子懂爲止。更有創意的做法是把撕下來的紙黏貼成撕紙畫，爸媽也可一起玩，遊戲可不是孩子的特權。

讓孩子有自己做抉擇的機會

還有，讓孩子有自己做抉擇的機會。孩子喜歡做自己的主人，提供選擇，正好滿足這個需求；而且，事情是自己選的，通常較會心甘情願的做。舉個例子，孩子亂摔玩具，這時你可以對孩子說：「玩具這樣摔會壞掉。你有兩個選擇，一個是不摔玩具，好好的玩；另一個是繼續摔，但是媽媽就把它收起來，不讓你玩。」孩子如果繼續亂摔，就把玩具收起來，他若大哭，就讓他哭，然後告訴他：「媽媽有給你選擇的機會，你選擇亂摔，我只好收起來。」如此幾次之後，孩子碰到有選擇的時候，會好好考慮，衡量輕重的。

當然，孩子的模仿能力很強，這種方式有時也會被孩子用來「對付」父母。有一天，我正在準備晚餐。女兒突然跑來說：「媽媽，我要吃糖。」我說：「快吃晚飯了，吃糖會影響食慾，不可以。」女兒很生氣的說：「媽媽，你有兩個選擇，一個是讓我吃糖。」我說：「那另一個呢？」女兒說：「另一個是你不可以說不可以。」我聽了大笑說：「說來說去，我只有一個選擇，就是讓你吃糖。不公平，我不答應。」女兒大哭。我說：「現在，媽媽也給你兩個選擇。一個是你坐在這兒哭到吃晚飯。你知道，哭對媽媽是沒有用的。另一個是媽媽可以切水果或削一些芹菜或胡蘿蔔給你吃。你告訴我，你要選哪一個？」最後，女兒拿著一根小黃瓜，高興的離開。

避免開空頭支票

給孩子抉擇時，提出來的條件，絕不可以因孩子哭鬧而妥協（這一點一定要堅持，有些孩子會哭上四、五十分鐘）。而且，開出來的條件也一定要是你做得到的，不能開空頭支票，孩子才會清楚知道媽媽講話算話，慢慢建立出你和孩子之間的規則，親子之間才會有相互的信任和默契。

可怕的兩歲，在我的解釋，是孩子首次發現自我，試圖用各種方式來證明自己的存在，所惹出來的一些麻煩的代稱而已。這種自我的追尋的過程，終其一生，將不斷的重複出現。我們常聽到的恐怖的三歲（horrible three）和青少年反抗期，都是可怕的兩歲的延續。只是各時期的表現，會因個人智力、心理、人格和社會性的成熟度不同而異。這是做父母的不能不先有的心理準備，所以，就把這第一個階段當作是練習的大好時機吧！

孩子的無敵鐵金剛時期

有位媽媽很煩惱，他的孩子三歲半，每次事情做不好時，總會氣得摔東西或大哭，讓她不知如何是好。

女兒在這個年紀也有類似的情形。女兒從小愛拿筆塗鴉，我常和她玩「她說我畫」的遊戲，我先畫，然後她再照著畫，畫得不像她也無所謂。等女兒到了三歲就不同了。她覺得自己畫得不像時就很沮喪、生氣，然後開始哭鬧。這場「鬧劇」每天都要上演一次。後來，我拿出她自一歲半，只有點點和線條的作品和眼前的圖畫作比較，指出她的進步，肯定她有畫畫的能力，如此重複多天，女兒才不再哭鬧。

有人把孩子三至四歲（甚至到五歲）的階段，稱之爲恐怖的三歲。這個階段的孩子是可怕的兩歲的延續，只是孩子的動作技巧更純熟，語言表達與理解能力更進步，加上豐富的想像力，使孩子對自己更加信心十足，覺得自己無所不能，對自己產生很高的期許，我笑稱為「無敵鐵金剛」時期。所以，當事情做不好（有時是不合乎自己的要求），孩子會很挫折，並用各種方式來發洩情緒。

對自己生氣，不是氣父母

孩子這時候生氣常常是氣自己，而不是針對父母。所以，當孩子摔東西或大哭時，先別急著責怪孩子：「不可以亂摔東西」，或制止他的行為：「不要用哭的」。這些做法只會讓孩子覺得雙重挫折，因為得不到爸爸媽媽的了解。

首先你可以把孩子抱起來，告訴他：「媽媽知道你的感覺。很想把事情做好卻做不好，是很令人懊惱的。媽媽了解。」然後強調：「媽媽很高興看到你很認真的在試，那才是最重要的。我很喜歡你這麼努力。」

有些媽媽會懷疑：「孩子聽得懂這些話嗎？」如果你持續用這些話鼓勵他，久了，孩子會懂的。不要低估孩子的能力。等孩子情緒穩定下來以後鼓勵孩子再試試，如果必要，可以幫點小忙；若孩子不肯再試，也不要勉強他。然後告訴孩子摔東西的行爲，即使是很懊惱或難過時也不可以。盡量鼓勵孩子把他的感受用言語表達出來。

至於哭，對孩子來說，是一種很直接、健康又不傷及人或物的方法，千萬不要以「男兒有淚不輕彈」的古老思想來禁止。哭一哭，再把心裡的感受說出來，孩子會有一種被了解、被包容的安全感，負面的情緒就可以很快過去，這對孩子EQ的發展也會有助益。

親子學習樂園

五歲之前，幼兒常會嘗試超越自己能力的事情。這是孩子試圖證明自己的必經過程。有些父母覺得孩子可能做不到，到時候不免又哭又鬧，會想阻止孩子嘗試。如果孩子在做的過程很挫折，可以適度加以引導，父母可以說：「試試看……」，而不是「你按照這個做就好了」。

想做得和大哥哥大姊姊一樣好

三歲幼兒這種達不到自我期許的挫折，有時來自他們不能成功地模仿其他大孩子的行爲。這個階段的孩子開始喜歡有玩伴，除了同年齡的朋友，特別喜歡比自己大兩、三歲的哥哥、姐姐；會崇拜他們，想學他們。可是因爲發展上的差距，他們往往無法做得和大哥哥、大姐姐一樣好，這也會令他們很懊惱。這種懊惱有時會延續好幾天，變得事事不如意。

處理這種情境的方法和上述相同，不要在孩子屢試不成的時候對他說：「不要試了，你還小，等你長大了再做。」或「跟你說過你不會，你偏要做。」這些言詞會傷害孩子的自尊心，會讓孩子認爲自己「小」是件不好的事而不滿於現狀；或認爲自己很差，因爲爸爸媽媽這麼說。

最好的方法，仍是抱著孩子，告訴他：「很想和大哥哥、大姐姐一樣是不是？有些事現在對你還不太容易，大哥哥、大姐姐三歲時也做不好。他們是慢慢地，很努力地學習才學會的。我們不急。」然後建議一些孩子能力可及的事讓他試。

在幼兒時期，也就是五歲之前，幼兒常會嘗試超越自己能力的事情。這是孩子成長過程中試圖證明自己的必經過程。有些父母看在眼裡，覺得孩子可能做不到，到時候因爲挫折不免又哭又鬧，會想阻止孩子去嘗試。但這種過程是好現象，因爲小孩也要透過這些挫折的過程，對自己目前的能力建立合乎事實的了解。如果孩子在做的過程很挫折，可以適度地加以引導。父母可以說：「試試看……」而不是「你按照這個做就好了」。父母可以提出建議，但不要幫孩子做。

所以，孩子願意去嘗試一些對他而言是稍有難度的事，爸爸媽媽也不必刻意制止，可以任他去試。因爲這時期正是日後自動自發的萌芽期。孩子受挫，發脾氣是一種過程。怎麼把這過程變成正面的影響，是做父母的責任。所謂正面的影響就是孩子可以在挫折中，學會再接再厲的態度，把「我可以一試再試！」變成他的座右銘。

有理說不清

女兒四歲時，有一次捧著一碗小藍莓在吃，哥哥請妹妹分一些給他，妹妹也很慷慨地答應。哥哥一把抓了四個，妹妹抗議說：「嘿，哥哥，太多了，一次只能吃一個，不然我不分你吃。」哥哥就把手中的藍莓放回去，然後站在一旁，一次吃一個，一連吃了十多個，妹妹一點也不在乎。對她而言，一次一個損失很少，一次抓一把損失才大。

這是典型的「自我中心主義」的反應。在自我中心主義下，孩子對事物的了解、注意力往往集中於有限的一點上，對於事物的其他面貌則完全忽略。自我中心主義是心理學上的一個名詞，是五歲前的孩子在發展上的一大特色，但因孩子此時不夠成熟，無法表達，父母通常也搞不清楚。自我中心主義通常在孩子三歲時最明顯，一直到青少年時期，都或多或少有這色彩。

如果你分餅乾給處於這個階段的孩子，最好要小心一點。如果大寶拿到完整的一片餅乾，小寶拿到一樣大小，但切成四塊的餅乾。大寶可能會抗議，因爲小寶拿的餅乾比他多，因爲大寶只注意到數量的多寡而忽略了面積的大小；相同的，小寶也會抗議，因爲他的餅乾比大寶小，小寶注意到了大小，卻忽略了數量。此時就算你再怎麼樣解釋，他們往往都不能了解。

「那裡頭有口水！」

另一例子更有趣。有天晚上，先生下班回家，盛了一碗豆花在吃，正吃了一口，女兒看見了也想要吃。先生看豆花就只剩這一碗了，就說：「好

親子學習樂園

要突破孩子自中心主義，最好的方法是多給孩子一些社交機會，讓他和同年齡或大一兩歲的孩子一起玩。透過其他孩子的抗議和爭吵，他會慢慢學習到：「原來別人和我是不一樣的。別人和我有不一樣的想法，有不一樣的感受。」進而逐漸調整自己，以取得別人的接納。

吧，給你吃。」但是因女兒那陣子對口水很敏感，所以開始大哭：「我不要！那裡頭有口水，我要一碗新的。」爸爸趕忙解釋：「我只吃一小口，沒有口水」、「口水只有一點點，沒關係！」女兒還是愈哭愈兇，晚上九點也無處可買豆花了，先生很懊惱，在旁一籌莫展。我靈機一動，對女兒說：「不要哭，媽媽幫你把爸爸的口水拿掉。」一邊說，一邊拿餐巾把先生用過的湯匙擦乾淨。女兒一看，馬上破涕爲笑，把豆花吃完。

這階段的孩子就像女兒一樣，只把焦點放在一點，其他解釋再多都不管用。只要了解孩子到底針對什麼在吵鬧，對症下藥來解決問題，就可以避免掉許多親子間的不愉快。

我記得女兒在這階段最常說的就是：「因爲我喜歡」。例如她吃了不該吃的糖果，我跟她說：「媽媽已經跟你講不可以吃，你爲什麼還要吃？」她會回答：「因爲我喜歡。」你叫她去做事，她不去，妳問她爲什麼不去做，她說：「因爲我不想要。」有次先生下班回來，看到女兒最喜歡的布娃娃在沙發上，就故意在她的面前抱給她看。她抗議說：「爸爸，那是我的布娃娃，你怎麼可以抱？」先生就回答：「因爲我喜歡。」她竟然說：「ＯＫ！」

就走了。

我在旁覺得好笑，「因爲我喜歡」、「因爲我不想要」這就是她的邏輯，以此跟她溝通，她可以了解。若是你跟他講道理，解釋半天，希望她可以和你同步思考，她往往不理你。這個階段，孩子會陷在以自我爲出發點，來解釋周圍所有事情的情況。父母不用計較，用孩子的方式應對或笑一笑，知道她現在的狀況就可以了。

讓他和同年齡或大孩子一起玩

從這個角度，父母不難理解，這個年齡的孩子爲什麼不肯把玩具和朋友分享，或者到別人家作客，只要喜歡的東西，就會喧賓奪主的拿過來。因爲對他來說，所有他喜歡的東西都是「我的」，即使一再誘導勸阻，成效也有限。孩子陷在自我中心裡，好像一個小霸王，帶他出去，老是跟人家搶東西，有些父母會覺得很沒面子，可能感到沮喪或生氣，因爲自己孩子沒教好，甚至怕帶孩子出門。

其實父母只要了解這是成長階段必經的過程，不是因爲孩子霸道或是小氣，大可不必爲此和孩子生氣。現代家庭大多只有一個或兩個小孩，孩子只是沒有機會學習分享，並不是孩子不願意或不能學習。要突破「自我中心主義」，最好的方法是多給孩子一些社交機會，讓他和同年齡或大一兩歲的孩子一起玩。遊戲一開始，大人可以先告訴孩子們一些大原則，如「東西要一起玩」、「大家要輪流」等等。也許孩子剛開始做不到，透過其他孩子的抗議和爭吵，他會慢慢學習到：「原來別人和我是不一樣的。別人和我有不一的想法，有不一樣的感受。」進而逐漸調整自己的意見和看法，以取得別人的接納。

所以媽媽們若帶著孩子一起玩，遇到孩子間有糾紛爭吵，先不要急著介入，反而應該將那些情境當成教育孩子的最佳良機。爭吵時，要一再重複引導他，「你這樣搶東西，別人很傷心。」等孩子大一點時，可以用角色扮演的方式，或父母要適當介入，示範給孩子看，讓被搶的人說：「你這樣搶我的東西，我很難過。」

但這種事情不是教一次就會的，要耐心地引導孩子，陪伴他，讓他慢慢知道：「別人跟我是不一樣的。」

二到五歲是自我中心主義最強烈的階段，有時搶玩具，或是固執一些小事，讓父母覺得秀才遇到兵，有理講不清。但是這也正是這年齡的可愛之處，許多可愛的童言童語都是這樣自我中心意識下的產物。

記得女兒四歲時，有次對朋友的媽媽說：「阿姨，皓皓不想回家，因爲他很喜歡我。」有一次她喝湯，湯很燙，我叫女兒待會再喝，她回答說：「媽媽，你現在不要給我喝湯，是因爲你捨不得你的小可愛嘴巴燙到對不對？」這些可愛的話語，常常讓我更珍惜與孩子相處的時光，因爲我知道，再過幾年，隨著他們慢慢懂事後，這樣天眞無邪的話語也就一去不返了！

數到多少，可以輪到哥哥？

去年到加拿大姪女家過聖誕節，她有兩個孩子，兒子三歲九個月，女兒兩歲四個月，都十分活潑可愛，兩個小孩有時玩得很融洽，有時也會爲了一個玩具爭吵。

有一天，妹妹騎了小木馬，哥哥看了也想騎，於是站在木馬旁說：「我也要玩。」妹妹不理他，哥哥就爬到妹妹後面，兩人共騎一匹小馬。騎了一下，大概是太擠了不舒服，哥哥下來站在一旁說：「輪到我了。」伸手要去把妹妹拉下來。

我在一旁拉住哥哥，對妹妹說；「哥哥也想玩，你們要輪流，你數到多少的時候，可以輪到哥哥？」妹妹一聽，馬上數一、二、三、四……九、十，數完馬上下來，站在一旁等。哥哥搖了一下，數到十也下來，兩人輪流玩了幾次，後來妹妹改玩溜滑梯才結束。

「數到多少，可以輪到哥哥？」把權力交給孩子，讓他感受在整個輪流過程中自己可以作主，對孩子的自主性發展是很重要的。如果是孩子作主決定的，他通常會較心甘情願的付諸行動，信守承諾的機率也高許多。

把自主權交給孩子

類似的情景常常上演，我發現只要把自主權交回孩子的身上，或是在解決問題的過程中讓孩子參與決策，很多問題都可以迎刃而解。

兒子一歲半時，有次小叔由台灣到芝加哥，過境加州，在我們家小住幾

親子學習樂園

孩子二到三歲時，在心理需求上稱之為「自主自律」，希望很多事都自己處理。如果你不讓他試，會讓他覺得自己沒有能力把事情做好，因為你發出的訊息是：「你做不好的，我來幫你做最好。」等到孩子夠大，你要他自己做時，他可能會說：「我不會，媽媽幫我！」

天。兒子看到叔叔的高爾夫球桿很好奇，拿了一根來玩。球桿比兒子還高，舞動起來令人提心吊膽，怕打到燈，也怕打到整面鏡子的牆。我在廚房燒飯，聽到小叔直勸戒：「好危險，不要玩了，把球桿給叔叔。」先生也加入戰場，「把球桿給叔叔！」兩人你一句我一句，要兒子把球桿放下，兒子卻猛說：「不要！不要！」

我來到客廳，對兒子說：「沒看過球桿，好好玩，對不對？可是叔叔要把它收起來。你自己決定數到多少就夠了。」兒子說：「七！」他那時只會從一數到七，覺得七很大。我說：「好，數到七！」「一、二、三……七」一聽到七，兒子馬上把球桿往地上一放，就去玩別的東西了。

孩子即使一歲半，也需要自主性受到尊重，尤其事情的決定過程中，自己有參與，行爲自然會配合。

著名的兒童心理學家皮亞傑（Jean Piaget）就認爲，孩子是主動的學習者，有能力建立自己的認知架構，父母的角色只是提供機會和環境，讓孩子發揮。美國著名的心理學家艾瑞克森在五〇年代提出著名的社會心理分析理論。他認爲幼兒在兩三歲是自主性的萌芽期，這段期間父母應提供一個支持和信任的環境，讓孩子在不失其自信的情況下，開發自我控制的能力。如果孩子的意志常爲控制性過強的父母所阻斷，日後孩子會懷疑自己在自我控制和獨立上的能力。

別錯過自主性萌芽期

孩子二到三歲時，在心理需求上稱之爲「自主自律」，希望很多事都自己處理。你會發現吃飯時孩子不讓你餵，想要自己吃，結果撒了一地；你急著要出門，孩子還堅持要自己穿鞋子，往往弄得爸爸媽媽又急又氣。

在這個階段，是他最想自己嘗試的時候，如果你不讓他試，會讓他覺得自己沒有能力把事情做好，因爲你發出的訊息是：「你做不好的，我來幫你做最好。」等到三、四歲，你覺得孩子夠大，你要他自己做的時候，他可能會說：「我不會，媽媽幫我！」例如吃飯時，他要自己吃你不讓他試，因爲你覺得自己餵他比較快，等他大了，你要他自己吃，他可能會說：「媽媽餵我」，因爲你已經錯過孩子發展「自主自律」的關鍵期。

這個時期是會造成不方便，但一定要讓孩子去嘗試。給他試，試成功了，孩子就會有很大的成就感，這是鼓勵他繼續嘗試其他新事情最好的動力。

很多媽媽說，孩子大了很多事不想試，沒有動機。爲什麼呢？這是因爲在成長過程中，你很少製造機會讓孩子打從心裡得到成就感，讓他覺得：「我可以做某種事情，可以爲我自己，甚至可以幫媽媽做。」讓孩子打從心裡覺得自己是個很有能力、可以做很多事情的孩子，孩子才會進一步想試更多事。如果很多事都幫他照顧得好好：「媽媽來，媽媽做比較快。」、「你不要弄得亂七八糟，這個我來弄。」他會覺得自己什麼事都做不好，達不到爸媽的標準，到最後就放棄，因爲他覺得「做了還挨罵，不做還好一點。」

記得女兒剛會穿鞋子時都會左右腳穿反，但是她很得意能自己穿鞋。爲了不傷到她的自尊，我總是說：「鞋子這麼穿叫做穿反了，媽媽只擔心你的腳會不舒服。你的腳會痛嗎？」「不會。」女兒說不痛，我就不強迫她換，所以有一段日子，她每天穿反著的鞋子出門。女兒在家也喜歡玩鞋子，左腳，右腳反覆擺放。有一天，她很興奮的叫我：「媽媽，我穿對了。」那種開心，就是一切動力的來源，因爲孩子覺得沒有什麼事會難得了她了。

所以在孩子的頭五年，請盡量讓孩子去試，提供創造成就感的機會，雖然這樣父母比較辛苦，但培育的卻是孩子一輩子最需要的自主性，請堅持，熬一下就過了。

什麼是救火車？

好奇心是與生俱來的，每個孩子生來都有無窮的好奇心，尤其是兩歲到五歲之間的孩子，常不停地問爲什麼，有時甚至讓媽媽很納悶：已經告訴你這是蘋果了，爲什麼還要一直問？孩子會不會有什麼問題？

相同問題一天問二十次

姪子三歲半時，和我們一大家子住一起，那時我還在念台大研究所，所以有比較多時間可以陪他。有一次我問他：「什麼是救火車？」他說不知道。我開始從救火車的形狀、顏色說起，然後告訴他救火車的功能是火災時滅火，同時一邊唱作俱佳的模仿救火車的聲音，還帶他去消防隊看救火車，讓他爬上車，實地去看、去摸救火車。

之後他每看到我就會問：「姑姑，什麼是救火車？」我就從頭到尾再表演一次。

你以爲他知道了，可是十五分鐘以後，他又回來再問一次：「什麼是救火車？」一次又一次。我實在累了，就叫他去問阿嬤。

阿嬤回答他說：「救火車就是救火的車。」

之後他又去問我二哥二嫂。他們下班一進門，他迎上去就問：「什麼是救火車？」問到得大家不勝其煩，好氣又好笑，「又來了！又來了！」我告訴他們，沒關係，這種情況一下子就會過去了。姪子就這樣每天問，一天要問二十次，問了一個月。你反問他什麼是救火車，他可以跟你講得頭頭是

親子學習樂園

人類的學習要靠大腦神經元的聯結來形成，而神經元的聯結，要靠重複累積的刺激，才能建立神經線路。所以當孩子在問問題，尤其重複問題時，其實孩子在展現他萌芽的好奇心。而父母的角色，就是在這時候提供他學習的環境，讓他那顆好奇心可以充分得到滿足。

道，但還是不停地問。有時我眞的受不了，就跟他說姑姑要休息一下，但也沒有不耐煩或生氣。

有一天，我對他說；「你知道什麼是救護車嗎？」他說不知道。就像當初教他什麼是救火車一樣，我又開始從形狀、顏色說起；救護車是白色，有個十字，是救生病或受傷的人。他很快就學起來了。接著我又教他各式各樣的車，如警車等，一兩天之內，他把所有的車全部都學會了。我發現他把最早學救火車的模式，套用在其他車子上，一下子所有資料都輸入進去了。

藉由不斷重複來學習

這個例子讓我得到很大的啓示：原來小孩子的學習是這樣的，他需要前面的不斷重複，建立起認知的架構，然後就可以把類似的事情輸入，形成自己的知識。

研究者也發現，人類的學習要靠大腦神經元的聯結來形成，而神經元的聯結，要靠重複累積的刺激，才能建立神經線路。所以當孩子在問問題，尤其重複問問題時，其實孩子是在展現他萌芽的好奇心。而父母的角色，就是在這時候提供他學習的環境，讓他那顆好奇心可以充分得到滿足。同樣的，因好奇心引發出來的「搗蛋」行爲，一旦好奇心滿足了，自然就會消失。

兒子不到兩歲時，我懷了老二。每次煮飯，兒子都很好奇地跑來看我舀米。因爲平常米缸有卡鎖，所以只要我一掀開米缸，他的小手就趁機在米缸中抓一把，常常把米撒得一地。

雖然要求他幫忙撿米，但大部分還是我在做。那時候挺著大肚子，撿地上的米很辛苦，有次我就對他說：「我知道你對米很好奇，但米不可以玩，媽媽要撿掉在地上的米很辛苦。但我用量杯時你可以幫忙。」我教他什麼是滿杯，用筷子畫過去就是平杯，還讓他用量杯幫我舀米。第二天，爲了讓他有挑戰性，我要求他量三杯半的米，趁機教他什麼是二分之一。這樣一兩個禮拜下來，以後我舀米時他就不來玩米了，即使你要他來幫忙他也不來，因爲他的好奇心已經充分滿足了。

有時實在不能小看孩子的重複行爲。有位媽媽曾分享一件孩子玩水的故事。她說四歲女兒愛玩水，每天洗澡總是要洗好久。浴缸裡的玩具，孩子最媽媽喜歡的是一套量杯。每天就看女兒拿那些大大小小的杯子倒來倒去的，媽媽實在不懂這有什麼好玩。有一天，女兒拿著一個杯子對她說：「媽媽，你看，我用這個杯子（二分之一杯）倒二次，它（一杯）就滿了。」然後裝了約三分之一杯，倒了倒，說：「這個倒三次就滿了。」這位媽媽很驚訝的發現，女兒竟然有分數的概念，而且是自己從每天的倒水遊戲中領悟出來的。所以，眞的不要用大人的角度把孩子的重複行爲當作是浪費時間，沒有意義的事。

害羞的孩子

我常常被問到類似這樣的問題：「我的孩子碰到人都不肯打招呼，怎麼辦？」、「我送孩子去上學，他都只站在一旁看，也不跟同學玩，他有沒有問題？」或「我的孩子在家很活潑，又愛講話，去到學校卻不參與課堂上的討論，這是怎麼回事？」

有研究指出，約有四分之一的孩子個性是屬於比較害羞或小心翼翼型的。個性本身沒有優缺點之分，但就像銅板有兩面，有一弊必有一利。我常跟父母們開玩笑，孩子個性害羞要感謝。因爲他們通常比較小心，不會做出危險的行爲，對父母來說，可以省不少的麻煩。

五歲以下的孩子，在碰到新的人、事或環境時，因爲心智還不夠成熟到足以判斷人事或環境對他是否安全，是否可以信任，所以大部分選擇旁觀者的角色，這以害羞和小心翼翼型的孩子特別明顯。當然害羞和小心翼翼，兩者並不完全相同，要區分兩者有時並不容易，但在幼兒（五歲以下）階段，這兩者常常一起影響孩子的行爲。

「觀察」是一種學習

「觀察」對幼兒來說是一種學習。透過觀察，孩子開始建構對人、事或環境的認識，總要經過一段時間之後，才能產生對人、事或環境的熟悉感和信任。只有等他對自己的判斷能力覺得自在了，他才會主動的去與人互動或參加學校活動。小心翼翼型的孩子大部分在六、七歲以後，這些問題會慢慢的消失（當然，總是有個別差異的）。害羞的孩子因天性的關係，需要更長的時間。

有一位婆婆帶著四歲孫女上游泳課，這位婆婆很煩惱的問我：「每次報名，孫女都坐在岸邊看教練教別的小朋友，怎麼勸都不肯下水，實在是浪費錢。」

「她有沒有在游泳池裡玩過水？」

「有啊，就是玩得很開心，爸爸才報名的。」

「有些孩子需要觀察一段時間，確認了老師和環境都可以信任，克服了內心的恐懼，才會放心的參與。」

「這個過程要多久？」

「每個孩子都不相同。如果每次游泳課孩子都去，那表示她不排斥學游泳。可以再給她一些時間。若真有金錢的考量，那就等孩子大一點的時候再試。」

後來再碰到這位婆婆時，我問她：「孫女游泳課上得好嗎？」婆婆說：「幸好有堅持，雖然等了很長一段時間。你知道嗎？一期有十堂課，孫女看

親子學習樂園

做父母的在孩子不肯和人打招呼或不參與活動的當刻，要以接受的態度來處理。例如你可以告訴孩子：「你現在不想叫阿姨，沒關係。你覺得想跟阿姨打招呼的時候，再來跟阿姨問好。」通常愈逼他，孩子會愈退縮，克服害羞的時間反而更拉長，也會打擊孩子的自尊心。

了整整一期，第二期也是到了第八堂課才肯下水。眞的下了水就好了，玩得很開心。眞搞不懂她。」這孩子足足觀察了將近九個星期才肯下水，的確是滿長的一段時間。這種情形也常見於孩子第一次上學，請爸媽們要有點耐心陪孩子。

既然我們了解這些現象是孩子成長的正常行爲，做父母的在孩子不肯和人打招呼或不參與活動的當刻，要以接受的態度來處理。例如，你可以告訴孩子：「你現在不想叫阿姨，沒關係。你覺得想跟阿姨打招呼的時候，再來跟阿姨問好。」通常愈逼他，孩子會愈退縮，克服害羞的時間反而更拉長。

逼迫或勉強孩子去做他害怕或不自在的事，對孩子的另一個傷害，就是打擊了孩子的自尊心。父母的懊惱、生氣或挫折的表情或態度，只會讓孩子覺得自己是個令父母不滿意，事事做不好的小孩。

除了心態上要調適之外，父母可以做的是增加孩子的社交活動，如製造孩子和年紀相仿的小朋友一起玩的機會，或多帶孩子到公園、兒童科學館或博物館參觀，這些都是幫孩子增加對人、事、物和環境的認識的好方法。千萬不要因爲孩子去到那些地方，往往沒什麼太強的反應或沒有參與而氣餒。

社交活動經驗的累積，常常是孩子突破自己羞怯、害怕的最佳方法，只是需要時間。

兒子五歲時著迷地理。每天捧著書讚嘆各州首府的圓拱屋頂有多漂亮。我們帶著他和女兒到中西部周遊了十州。回來後兒子說：「媽媽，謝謝你，這是最棒的旅行。」一趟旅行，不僅使我們親子間更親密，還貫徹了「讀萬卷書不如行萬里路」的古訓。

2

自信心，從與父母的親密關係開始

父母無條件的愛，是孩子自信的來源。
根據心理學的研究，人對自我的感覺，是決定信心的關鍵，
要有良好的自我形象，才可能有自信。
所以孩子能夠喜歡自己，是建立信心的第一步。
經由父母對孩子的稱讚、了解、包容和感謝，
讓孩子去感受他是被全心接受的，自己是值得被愛的，
父母對他的愛是沒有條件的。
只有在知道自己是值得被愛時，
孩子才能夠真正喜歡自己。

包容是愛孩子的第一課

一位太太新婚不久，先生買了一輛漂亮的新車送給她，這位太太很興奮，一方面也覺得壓力很大。但偏偏有一天在轉彎時，還是不小心和別的車子擦撞，她嚇壞了，第一個念頭就是先生一定會很生氣！該怎麼面對他？

結果當她從車子拿出保險卡時，看到上面有一張紙條寫著：「親愛的，你對我比車子更重要！我愛你！」她先生預測到當她拿卡的時候，一定是車子發生事故的時候，也知道這時她很害怕，所以留了這張紙條給她。

我們不難想像這位太太的感動。當我們的孩子犯錯時，需要的就是這樣的訊息：「孩子，你對我比其他事情都重要！」兒子兩歲多時，有天我在樓上幫五個月大的女兒換尿布，突然聽到廚房「砰」一聲，我衝下樓，剛好遇到兒子從廚房出來，我問他：「發生什麼事？」他說：「沒有。」我一看，有個櫃子前擺了一張椅子，櫃子門開著，裡面有糖罐子。我把兒子找來，打開他的嘴吧，聞到了橘子軟糖的香味，我對他說：「下次要吃糖跟媽媽說，不要自己搬椅子爬這麼高，太危險了！好不好？」我又補充說：「只要不是吃飯時間，每天一顆，你跟媽媽要，我一定會給你吃。」兒子原先害怕偷吃會被處罰的神情鬆懈了下來，點點頭說：「我以後不會了！」而他也眞的沒有再自己拿糖。

親子學習樂園

在孩子犯錯時，做父母的要把握機會教育孩子，而不是趁機把他痛罵一頓。有些父母覺得孩子是故意搗蛋，例如你剛花兩個小時把地毯打掃乾淨，偏偏孩子此時把果汁倒在地毯上，所以你特別不能忍受，覺得孩子是故意的，其實那是你的情緒反應，事情並沒那麼嚴重。

犯錯是正常的

孩子犯錯時，自己是知道的，自己也很懊惱，就像那位怕先生責怪的太太一樣，很怕爸爸媽媽傷心或生氣，甚至心懷恐懼，怕被處罰。在那當刻，如果父母施予寬恕和包容，孩子通常會回應恰當行爲，即使是兩歲孩子也做得到，父母要對孩子有信心。

想想看孩子打破杯子，我們爲什麼那麼生氣？他打翻果汁，把地毯弄髒，我們爲什麼那麼懊惱？那塊地毯不會比他重要的，不是嗎？爲什麼我們給他的訊息常常是：我很心疼這個杯子！我很心疼那塊地毯！如果那個先生因爲太太撞壞車子，把太太罵了一頓：「好好的新車看你撞成這樣！」他們的關係會不會有裂痕？

孩子在成長過程中，要的就是這樣的包容。愈是做錯事，愈是需要被包容。而且這錯誤可能會重複出現。因爲在學習的過程中，大腦需要重複的經驗，去聯結神經網絡，好的和壞的行爲都會再三出現。孩子做得好，經由我們的稱讚去增強它；而做錯的事，則需要我們耐心地一再引導到正確的方向。我們通常都希望和孩子說一遍，孩子明天就改過來，這是很困難的，這也和孩子聰明與否無關。

在認知上，我們要了解，孩子犯錯是正常的，重複犯錯也是正常的。在孩子犯錯時，做父母的要把握機會教育孩子，而不是趁機把他痛罵一頓。有些父母覺得孩子是故意搗蛋，很多其實是父母自己的情緒反應。例如你剛花兩個小時把地毯打掃乾淨，偏偏孩子此時把果汁倒在地毯上，所以你特別不能忍受，覺得孩子是故意的，其實那是你的情緒反應，事情並沒那麼嚴重。

沒有人是完美的

報章雜誌常常把年輕一代稱爲草莓族。草莓族就是一群只想依賴父母，不能對自己負責的孩子。讓孩子經由犯錯學習承擔結果，可以避免孩子成爲草莓族。

兒子三歲半時，有一天，拿了他的小剪刀，在妹妹的芭比娃娃的衣服上剪了一個洞。我告訴他：「沒關係，連媽媽都沒想到這種剪紙用的剪刀可以把布剪破。但你要對這件事負責，把它補好。」「我不會。」「不會可以學，我教你怎麼縫。」我教他穿針線、拿針、縫補。看他縫得歪七扭八的，但也算是負起了責任。這件事，對兒子是很正面的，他非常得意他會縫東西，還要求多「玩」一些。

其他諸如打翻了水，請他擦乾；撒了一地的點心，讓他幫忙撿。我常掛嘴邊的一句話是：「沒關係，沒有人是完美的。」所以，有一天當我把整碗飯打翻，蹲在地板清理時，兒子也拍了拍我的肩膀，安慰的說：「媽媽，沒關係，沒有人是完美的。」兒子不但不怕自己犯錯，更能接受別人的錯誤。孩子這種態度在你的包容下是可以培養的，而且也是做父母的應努力去達成的目標。

在處理孩子的犯錯時，父母常有一個迷思：不處罰，孩子學不到教訓，甚至若沒有大罵或打到孩子哇哇大哭求饒，好像孩子會不知悔改。這種方式其實達不到教育孩子的目的。

相傳在一個叫做所羅門的島上，當地的土著需要一棵巨樹時，就圍著樹，對著它大叫，叫了一星期，樹就自然倒下了，因爲它的心死了。故事的寓意是，當我們對著一個孩子大吼怒罵時，不但沒有讓孩子有反省改過的機會，你也殺傷了孩子的心，破壞了你和孩子的關係。爸爸媽媽在開口罵孩子之際，不能不省察。

你是我的無價之寶

我曾用「無價之寶」這句成語，告訴兩個孩子他們對我有多珍貴。

女兒四歲時，有一次拿著一根木湯匙敲玻璃茶几，我見狀阻止，「不要敲，茶几不可以敲，會破掉。」但是她還是繼續敲，我就把她手上的湯匙拿走：「媽媽已經告訴妳不可以敲了！」她哇的一聲哭了出來：「你騙人！你說我是你的無價之寶，結果還比不上那塊玻璃。」

我聽了覺得很好笑，但還是正色回答她：「就因爲是無價之寶，所以更不可以敲。因爲如果玻璃破了，無價之寶的手被割傷了，媽媽會很心疼！」

女兒聽了破涕爲笑，我卻有很深的感受：父母教育孩子，話常說一半，只是講出不可以的行爲，卻沒有講出父母的擔心，因此子女常感到你嫌他行爲不好，沒辦法體會你的用心。幸好女兒會抗議，我才有機會去澄清她心中的疑惑和不滿。

「愛」要說出來

我們都覺得，愛孩子是天經地義的，不用說出來，孩子應該都知道，但事實上，親子關係就像任何一種親密關係，「愛」是要說出來，要表達出來的。感受到父母無條件的愛，是孩子自信的來源。我們都希望培養出自信快樂的孩子，其實最簡單的方法，就是讓小孩子覺得被愛。每個孩子喜歡被愛的方式都不同。有的孩子喜歡被抱得緊緊的；有人說，他覺得媽媽的愛，就是夏天放學回家時，冰箱那碗冰涼的仙草冰。要讓孩子知道你的愛，最直接的方法，就是說出來，直接告訴他：「我愛你！」

親子學習樂園

愛的感受是主觀的，要多少才夠呢？每個人的需求都不同。當孩子感受不到父母的愛時，父母要反省：自以為能表現愛的行為，可是，是不是沒有讓孩子感覺到？譬如有些父母買了各式各樣的玩具給孩子，以為這就是愛的表現，卻不知道孩子最想要的，是和你手牽手在公園散步。

孩子小的時候，你可以又親又抱，等他長大時，「我愛你！」好像不容易說出口，但孩子需要知道。不要害怕，講不出口可以用寫的，譬如在便當上放一張紙條上寫著「我愛你！」不管用什麼方式，要把這樣的訊息告訴孩子，這是很有力的工具。

我在報章上曾讀過這樣的故事：有一位媽媽收到孩子從大學打電話來說：「媽媽，週末我要和同學出去玩，我回來再打電話給你。」結果孩子在這次旅行中不幸出車禍，被酒醉駕車者撞死。

孩子過世後，這位媽媽很堅強地站起來，到處呼籲倡導不要酒醉開車。很多朋友都很驚訝她歷經喪子之痛後，怎麼還可以出來做這些事？這位媽媽回答說：「孩子死之前最後一通電話，最後一句話是：『媽，我愛你！』就是這句話，讓我覺得我應該站起來，做有意義的事。」

兒子和女兒聽了這個故事之後，馬上身體力行，每次分開或掛電話時，都會說「愛你！」有一次睡前和兒了有一些爭執，臨睡前兒子仍對我說「愛你！」他的理由是：「如果你晚上死了，至少在你死前知道我是愛你的，我的後悔會少一些。」我也回了他：「晚安，愛你！」一句「愛你！」之前的不愉快完全煙消雲散，眞的很有用！

我在《心靈雞湯》這本書裡讀到一則很感人的故事。一位母親年老陷入昏迷，已沒有意識，旁人和她說話，她都沒有任何反應。後來女兒想起小時和母親有一個默契，手抓手，在手心握三下表示「I love you」，按兩下是「Me too」，按四下是「I love you too」。她就試著握媽媽的手，握了三下。結果，奇蹟似地，母親也回握兩下，所以儘管她已沒有意識，卻仍然記得他們之間愛的密碼。

我很感動，就和孩子分享這個故事，我們也用握手表達我愛你。後來我發現，當我們有不愉快，兒子很生氣地坐在那裡，很難去做良性溝通的時候，只要我走過去握他的手三下，不管他多生氣，他都會回握兩下，然後，臉上的線條慢慢緩和下來。在那樣的時候，要讓孩子知道：「即使我們有這麼不愉快的事情，並不表示我對你的愛減少。」這個訊息對孩子是很重要的。

愛的感受是主觀的

父母有時很委曲地說：「我明明花那麼多心思在孩子身上，那麼疼他，孩子還是動不動就說你不愛我！」愛的感受是主觀的，要多少才夠呢？每個人的需求都不同，和孩子爭有沒有，夠不夠，是沒有意義的。如同吃一碗飯就飽的人，去質疑吃五碗飯才飽的人：「你爲什麼要吃那麼多？」一樣是不合理且可笑的。

當孩子感受不到父母的愛時，父母更要反省：自以爲能表現愛的行爲，可是，是不是沒有讓孩子感覺到？譬如有些父母買了各式各樣的玩具給孩子，以爲這就是愛的表現，以爲這樣孩子會很開心，卻不知道孩子最想要的，是和你手牽手在公園散步；青春期孩子的父母每天釘著孩子的成績和功課，自以爲一切爲孩子好，換來的卻是反抗，因爲這個年紀的孩子希望父母能尊重信任他們。

當然，孩子喜歡的，父母也不用一一照辦。如果孩子說：「讓我天天吃麥當勞，就是愛我！」、「讓我天天玩電動，不要管我，就是愛我！」當父母的仍要有自己的原則。對孩子不好的事，以愛爲名任其爲所欲爲，那是害他，不是愛他。

心理學家指出，對於十二歲以前的孩子（其實成人何嘗不是！），當父母就他行爲的錯誤提出批評或指責時，孩子往往會當成父母是在否定他這個人，就算父母明白表示：「我只是氣你做的事，而不是你這個人。」仍不管用。就像我兒子所說：「事情是我做的，事情就代表我啊，你怎能說你不氣我，只氣那件事。」的確，人事是分不清的，所以這人事合一的想法，在父母生氣時，自然就推演出了「父母不愛我」的結論。如果這種情形常常發生，孩子有可能出現下列幾種情況：

- 反抗權威，用不當行爲引起你的關注。
- 特別膽小，特別安靜。對於困難不敢面對（當然有些孩子是天生安靜）。
- 容易發脾氣，莫名其妙的哭鬧。
- 缺乏自信心，自尊心低落，懷疑自己的價值，容易輕言放棄自己。

當孩子犯錯或有不當行爲時，我們仍要去引導他。同時透過了解孩子背後的思路和想法之後，用一些方法，一而再，再而三地去肯定我們對他們的愛。請想像我們和孩子之間是一本愛的存摺，生氣他們時是在提款；做一些讓他們感受到你的愛的事，是在存款，總是要收支平衡，甚至順差愈多愈好。你的帳目是正的，還是負的？你的孩子每天是不是開開心心的？是不是充滿自信？這些都是最好的指標。

爸爸眞偉大！

一、媽媽怎麼做

在父子關係的建立過程中，媽媽扮演很重要的角色。對幼兒而言，爸爸的形象，除了來自與孩子的直接互動，一大部分其實來自媽媽眼中和口中的爸爸。

「爸爸上班好辛苦。爸爸賺錢，才可以買菜、買玩具」，爸爸成了救星，有爸爸才有得吃，有得玩；「再不聽話，等爸爸回來修理你」，爸爸成了凶神惡煞；「玩具壞了，沒關係，爸爸回來請爸爸修」，爸爸成了修理東西的萬能高手；「哼！又要加班，公司最重要，乾脆不要回家好了」，爸爸成了不愛家的罪人。

換句話，媽媽口中的爸爸，有時其影響力遠比爸爸與孩子的直接互動來得大。如果媽媽常常讚美、感激爸爸，孩子就會喜歡、尊敬爸爸，也樂於親近爸爸；如果媽媽常常抱怨、發牢騷，尤其當孩子的面或在電話中跟朋友訴苦，孩子就會討厭爸爸，對爸爸疏遠。因爲幼兒階段是一個「相信聽」的時期。

別讓先生當處罰孩子的罪人

當先生下班回來，媽媽如果要報告孩子一天的生活情形，那麼就多多稱讚孩子吧！因爲先生工作一天回到家，如果聽到的都是孩子的進步、乖巧，想必滿心歡喜，也因此忘了一天的辛勞，對孩子只有疼惜，沒有不滿，這樣才可以與孩子共度一個甜蜜的晚上。若孩子眞有不當行爲（自己的觀察或保姆或老師的告知），就等孩子不在場或睡覺時再討論。千萬不要讓先生當處罰孩子的惡人，因爲等爸爸回到家，孩子早已忘了自己做的錯事，爸爸回家後所做的處罰，不但達不到管教效果，反而傷了父子之間的和氣。

協助先生與孩子彼此了解

幫助先生了解孩子的喜好興趣，如孩子喜歡玩哪些玩具、做哪些事情、怎麼玩等等。有些爸爸不是不願意陪孩子玩，而是不知道怎麼和孩子玩。如果拖著一身疲憊陪孩子玩，卻討不到孩子的歡心，會讓做爸爸的失去陪孩子玩的耐性和動機。所以，媽媽可以設計一些孩子喜歡的活動，讓先生陪孩子玩，時間久了，父子或父女之間有了默契，就會有屬於他們自己的遊戲。

把爸爸的角色融入遊戲當中，也有助於孩子了解爸爸的角色。如扮家家酒時，可以讓孩子假裝是爸爸；孩子畫畫，請他畫一張給爸爸；一起讀以爸

親子學習樂園

當孩子與爸爸發生不愉快時，做媽媽的應盡量不要介入，讓父子兩人自己把問題解決，除非是爸爸對孩子做出可能造成傷害的體罰。若孩子哭著找你時，你要保持中立，不要說出任何批評的話。安撫孩子後，鼓勵孩子向爸爸說出心裡的感受。同樣的原則適用於爸爸。

爸爲主角的圖書等等，讓孩子不會因爲爸爸不在身邊而忘了爸爸的存在，也可以幫助孩子從不同的角度去了解爸爸。

當孩子還小，我買玩具和書本時，都會說是爸爸請媽媽買給他們的，讓孩子感受到，即使沒有陪在身邊，爸爸仍然很關愛他們。等孩子長大些，偶爾也可以和爸爸「午餐約會」一下，看看爸爸上班的地方。可能的話，參觀一下爸爸的辦公室，孩子對爸爸的認識會更具體，有更多的想像空間。

兒子三歲拜訪爸爸的辦公室後，念念不忘爸爸桌上的電腦。提到爸爸上班，就說爸爸每天可以玩電腦。我笑稱此乃弄巧成拙，「辛苦」兩字已不能用來形容爸爸的工作，但即使如此，父子之間的了解，還是會增進彼此的互動。

不要干涉先生和孩子之間的衝突

媽媽與子女的關係，以及爸爸與子女的關係，是獨立存在的兩種親子關係，因此一個家庭裡，最好不要有爸爸始終扮演黑臉或白臉的情形。當孩子與爸爸相處發生不愉快時，做媽媽的應盡量迴避，不要介入，讓父子兩人自己把問題解決，除非是爸爸對孩子做出可能造成傷害的體罰。若孩子哭著找你時，你要保持中立，不要說出任何批評的話。安撫孩子後，鼓勵孩子向爸爸說出心裡的感受。若是爸爸誤會孩子或處罰錯誤，也應私下溝通，由爸爸自己出面去道歉善後。這樣的原則同樣適用於爸爸，不要干涉太太和孩子之間的衝突。

二、爸爸怎麼做

身爲爸爸的人，該如何拿捏親子關係，以下一些原則要把握。

重質不重量

不管是傳統農業社會或現代工業社會，幾乎所有的爸爸都面臨一個共同問題，那就是能陪孩子的時間少之又少。所以當你陪著孩子時，應該是全心全意地面對他；而不是一邊盯著電視、報紙或電腦，一邊「嗯」、「好」、「對」的敷衍一旁的孩子。因爲這種打馬虎眼的情形，往往會讓孩子覺得，在爸爸的心目中自己是次要的。日子一久，孩子就不想親近你了。試想，誰願意親近一個不重視自己的人呢？

也有爸爸們反應：「我上班累了一天，回到家，看看電視或報紙，放鬆一下不行嗎？」並不是說爸爸們不能有屬於自己的時間，只是建議爸爸們每天花點時間「專心」地陪孩子說說話或讀一本書或排排積木、拼圖。也許，只是短短的十分鐘，孩子卻可感受到父親對自己的關懷和重視。

重過程而不重結果

在爸爸陪孩子（尤其孩子上小學以後）玩的時候，可能會出現一種情形，就是做爸爸的因為能陪孩子的時間不多，一旦撥出空來，就希望把這段時間做最有效的應用，想在這個時候教孩子一些東西，偏偏孩子在此時對那主題興趣缺缺，到最後兩人常常不歡而散。

在有限的時間裡，父子間應該要高高興興的互動，培養彼此之間的默契，而不是去在乎孩子有沒有學到一個數字概念或幾個生字。做爸爸的應尊重孩子是遊戲中的主人，把自己想像成是拜訪孩子認知世界的客人。作客時，若能「客隨主便」，自然賓主融洽；若是「喧賓奪主」，自然賓主反目，久了就被列爲拒絕往來戶。

有些父母可能會納悶：難道都不能教孩子任何東西嗎？當然可以！只是，要懂得把握孩子的興趣和適當的時機。原則是順勢利導，不要爲學習而破壞親子關係。

多讚美少批評

傳統文化中，父親除了賺錢養家，還兼管訓孩子的責任。所謂「嚴父慈母」，使得爸爸的角色是權威的、嚴肅的。對幼兒而言，就會產生一種又敬又怕的感覺。敬愛爸爸是因爲孩子可以察覺爸爸是家中重要的人，與自己有密切的關係，想親近爸爸又不好意思。這種把爸爸當作是「親密陌生人」的羞怯心裡，讓孩子很在意爸爸怎麼評價他，會擔心自己不夠好，討不到爸爸的歡心。所以，往往爸爸對孩子的一句話，就會產生很大的作用。因此有些媽媽常常說：「不公平！爸爸講一句，比我講十句還有效！」

因爲在乎和畏懼，如果爸爸常以指責、批評的方式教導孩子，孩子就會覺得爸爸不喜歡自己，不但對自己信心全失，對爸爸也是敬而遠之，怕犯更多錯，讓爸爸失望。若能以讚美、鼓勵的方式對待孩子，孩子就可以發展出正向的自我形象，樂於接近爸爸。

因此爸爸應善用自己的影響力。你的一句稱讚的話語，不但拉近與子女間的距離，也可以讓孩子信心十足地去面對外面的挑戰。

愛而不溺

同時，要避免因陪孩子的時間少而產生的補償心理。有些爸爸的補償心理表現在不斷買玩具給孩子。只是這種物質的滿足和喜悅往往很短暫，對親子關係的建立並沒有太大的幫忙，遠不及坐下來好好講兩、三個故事給孩子聽。

另一種的補償心理是爸爸對孩子「不當行爲」的容忍度非常高，事事遷就。這種情形，除了有時會造成夫妻管教子女時的矛盾、不一致外，對孩子的成長也會有很大的負面影響。因爲在孩子的成長過程中需要的是關愛，而不是溺愛。被完全的接納和包容當然重要，但孩子同時也需要學習行爲的界限在哪裡。也就是說，我們要教孩子，哪些行爲可以做，哪些行爲不可以做；哪些事情應該做，哪些事情不應該做，而不是一味地遷就順從。

破除完美形象的傳統觀念

傳統權威角色的影響下，有些父親會想在孩子心目中建立一個完美的印象，其實這是不必要的。天底下沒有人是完美的，爲人父母並不使我們比較完美，我們應該讓孩子了解父母和所有人都一樣，有許多優點，同時也有缺點。有缺點沒有關係，每個人都可以透過自己的努力，發揮自己的優點，而成爲一個獨特的個體。

不要害怕在孩子面前承認自己的缺點，反而應利用這機會，教導孩子如何面對自己的缺點，接受挑戰。所以，當回答不出孩子的問題時，不要怕承認自己的無知，簡單回答：「我不知道，一起來找答案吧！」對孩子處罰錯了，也不要怕承認自己的錯誤，告訴孩子：「對不起，爸爸誤會你了。」不要擔心孩子會因而不尊重你，或有損父親的權威形象。你爲孩子樹立了一個勇於面對自己，接受自己的好榜樣，一定可以贏得孩子的愛和尊敬。

魔鏡，魔鏡，我是什麼樣的小孩？

有位媽媽，有個兩歲半的女兒，每天一睡醒就大哭，用哄的沒用，也問不出原因。這位媽媽非常苦惱，問我怎麼辦？

兩歲多的孩子，語言能力還沒有發展得很好，要了解他腦子裡想什麼是件不容易的事。我只好請這位媽媽說說日常生活中的事情，想辦法找出一些蜘絲馬跡。聊著聊著，這位媽媽有些得意地告訴我：「每天晚上睡覺前，我會跟孩子再次檢討今天做錯的事情，希望他明天不要再犯了。這個方法不錯吧！」

我找到答案了。

舉個例子，太太晚上燒菜時鹽巴多放了些，先生一吃，臉一沈：「這麼鹹的菜怎麼吃！」晚上睡前，先生再提醒：「太太，拜託拜託，明天的菜少放一些鹽，吃太鹹對身體很不好。」如果你是這位太太，會高高興興接受先生的意見嗎？還是你會很生氣的認爲：「你再嫌東嫌西的話，明天我不煮了」；或者你會很委屈的想：「只是不小心而已，你爲什麼不能放過我呢？」不管你是懷著生氣或是委屈的心情入睡，醒來後，你想你會有快樂的感覺嗎？

睡前以誇獎代替教訓

我相信這個小女孩做錯事的當時，媽媽一定教訓過她了。晚上睡覺前又被算一次帳，心情一定非常不好。這樣入睡，醒來怎麼可能不哭呢？

親子學習樂園

做父母的就像是一面鏡子。當你誇孩子懂事、聰明時，他從你這面鏡子照到的是一個有能力把事情做好的乖孩子；當你責怪他不聽話、不用功時，他從你這面鏡子照到的是一個沒有能力學習、沒有能力把事情做好，不值得別人誇獎，討人厭的小孩。

我給這位媽媽的建議是，每天晚上睡覺前，舉出孩子當天做得很好的事情，一一誇獎，告訴孩子，他能夠把事情做得那麼好，父母以他爲傲。然後抱抱他，親親他，告訴孩子：「我愛你！」，祝孩子有個好夢。這位媽媽果眞照著做，一個月以後打電話告訴我，孩子現在每天都高高興興地起床，而且白天也不像以前不聽話，亂發脾氣了。

有個小故事。一位很有智慧的長者被人詢問道：「你爲什麼那麼有智慧呢？」這位長者回答說：「大家認爲我有智慧，是因爲我對事情常常做出正確的判斷。」「那麼你是怎樣讓自己擁有這麼好的判斷力呢？」長者回答說：「從錯誤的判斷中學習。」

孩子的成長是一種學習的過程，是一個在錯誤中不斷學習的過程。所以孩子犯錯，是我們教育他而非處罰他的時候。處罰都不要有了，更何況把犯的錯一再提出來算舊帳。

父母是孩子的一面鏡子

在孩子的成長過程中，讓他知道他哪些事情做得好，遠比處罰他犯的錯來得重要，因爲孩子的自我形象產生自父母的反應。

暢銷書《男人來自火星，女人來自水星》的作者蓋瑞（John Gray）博士，後來又寫了一本書《孩子來自天堂》。在這本書中，有一段話是這麼寫的：「孩子天生具有愛父母的能力，但是他們卻沒有辦法愛自己和原諒自己。他們藉由父母怎麼對待他們，還有父母在他們犯錯時如何反應，來學習怎麼愛自己。」

換句話說，做父母的就像是一面鏡子。孩子出生時是看不見自己的。當你誇他長得好可愛，好漂亮時，他就認爲自己好可愛，好漂亮，因爲他在你這面鏡子前照到的是一個可愛漂亮的小孩；當你誇他懂事、講理、聰明時，他從你這面鏡子照到的是一個有能力把事情做好的乖孩子；當你責怪他不聽話、調皮、搗蛋、不用功、不認眞時，他從你這面鏡子照到的是一個沒有能力學習、沒有能力把事情做好，不值得別人誇獎，討人厭的小孩。當孩子犯錯時，你的包容反映出你對他的信心，也就是你肯定他有能力從錯誤中再學習；而你的責罵，也正反映出你對他的失望，還有對他能力的一種否定。

孩子對自我的形象、自我的信心、自我的肯定，就是從你這面鏡子反射出來的。當孩子站在你前面，問道：「魔鏡，魔鏡，我是個怎麼樣的小孩？」時，你讓他看到的是個乖巧的孩子，他就可以是個乖巧的孩子；你反應出去是的令人討厭的孩子，他就會是令人頭痛、討厭的孩子，因爲你的孩子是絕不會令你失望的。所以，聰明的爸爸媽媽們，請善用自己這面具有魔力的寶貴鏡子吧！

尊重四部曲

尊重是個很抽象的名詞，父母應找機會在日常生活中示範。兒子兩歲時，有天我想去買菜，但他表示不想出門，想在家玩。看看冰箱，勉強湊合也可以，我就對他說：「我相信有時候我們會只想在家裡，哪裡也不想去，你今天有這種感覺，媽媽尊重你，我們不出去。」只要他的意見想法在我可以接受的範圍，我就依他的意思，而且很明白又刻意地使用「我尊重你的想法」這種字眼，讓兒子可以了解尊重的涵義。

讓孩子練習做決定

尊重孩子，就是讓他有機會學習做決定，做自己的主人。從小開始，給他一些選擇，讓他練習做決定。如兩三歲的孩子，在我們掌控的範圍中，最簡單的選擇就是，「你想吃哪一種？你想穿哪一件衣服？」但這其中有些小技巧，不要用開放式的問句，否則一旦答案是「炸雞」，而我們回答：「不可以」時，對孩子是雙重打擊——不僅不被尊重，而且得不到想要的。所以父母要用選擇題：「你想要吃水餃或麵條？」給他一些選擇，讓他有做主的權利。

隨著孩子長大，讓他自己決定，有時父母會面臨很大的挑戰，因爲孩子好像意見很多，但就長遠來說，這是好的現象。而尊重不是讓他爲所欲爲，是在我們設定的範圍中，有自由運作的空間。

一般來說，當孩子意見很多，或很執意去做一件事時，只要那件事不會危害他或別人的安危，你寧可讓他去試試看。父母的責任是提醒他，如果執意去做，有什麼可能的結果。要他自己決定要不要做，如果發生了不想要的結果，要自己去承擔。

例如有些孩子早上睡醒不肯換衣服，執意穿睡衣上學，或是搭配得很奇怪，或是冬天穿很單薄的衣服，父母難免擔心孩子被人嘲笑或受涼生病。你可以告訴他：「有人可能會覺得你這樣穿很奇怪，會笑你，你也可能會感冒，如果這些可能的結果你都能接受，你要這樣穿就這樣穿吧！」然後就眞的尊重他的選擇，不要想去保護孩子，或用你的標準和價值觀去左右他的決定。

用問題刺激孩子去思考

等孩子大一點時，提供他一些做決定的技巧，可以開始用問句，讓他打從心底去思考。小的時候，你告訴他別人可能有的反應，大一點到上小學，你就用反問句：「如果你穿這樣去上學，別人會有什麼反應？如果別人笑

親子學習樂園

有時孩子對自己東西的情感，是很難切斷的。對孩子而言，什麼東西重要，什麼不重要，是孩子決定的，不是大人可以理性判斷的，所以孩子們所有的東西我都留著。最近幾年，每年暑假我會請女兒審視一遍小學時的作品，每次割捨一些，所以存貨在減少當中，算是一種進步。

你，你會怎麼樣？你可不可以一笑置之？」用一些問題刺激他去思考：「你的決定如果有這樣的結果，你願意去承擔嗎？」

我的美國鄰居曾和我分享一件事。

她兒子十年級選課時，執意要選最難的數學。她和孩子分析了一下他的數學能力，建議他選低一級的數學，可是孩子堅持：「我要試試，拿C也甘心！」她就放手讓孩子去選那門課。那一年，如她所料，孩子的確很掙扎，但她提供的支持是請家教幫孩子，不讓孩子過度沮喪，最後孩子拿了個B。

我的鄰居笑著說：「你相信嗎？我花了兩千美金的家教費，不過今年選課時，孩子自己說，我選第二級的數學就好了。我鬆了一口氣，他終於認清了自己的能力。那兩千元還是花得很值得，不是嗎？」我很佩服我這位鄰居的做法，這是尊重孩子的最佳例子。孩子的確做了不恰當的選擇，但父母提供的不是指責，而是一路的扶持，孩子不但從中學到了教訓，也一定覺得父母「很愛我」。

隨著孩子到初高中，尊重的範圍要愈來愈廣，例如孩子的興趣、才藝的選擇、後來大學科系及學校的選擇。父母可以在討論過程中引導他去思考，但不要隨便下結論：「你去唸UC（加州州立大學）就好了！」、「學法律比較有前途！」讓他完全沒有做決定的自由空間。

尊重孩子的所有權

談尊重時，隱私權常被提到。專家會建議父母不要偷看孩子的日記、進孩子的房間要敲門等等，但很少人想到孩子的所有權。原因在於孩子的東西是爸媽買的，而忘了東西給孩子後，就是他的，要尊重孩子的所有權。

曾有位媽媽說：「我的孩子很小器！那天我們在公園玩，天氣好熱，剛好有冰淇淋車經過，我買了根冰棒給他，付完錢，我咬了一口冰棒，孩子竟然大哭，把冰棒丟在地上，怎麼有這麼小器的孩子？我只不過咬了一口！」相信不少父母會有相同的想法：「就咬了一口會怎樣？冰棒是我出錢買的！」、「脾氣這麼大！冰棒都沒得吃！」

孩子爲什麼會那麼傷心？對四歲的孩子來說，冰棒被咬了一口，已經不再是原來的冰棒，他會很失望；而好不容易握在手中的冰棒，媽媽問都不問就咬了一口，是很強烈的不被尊重的感覺。因為他覺得，雖然錢是媽媽付的，但是買給我以後就是我的，要不要分享是我的權利，應該得到最基本的尊重。

有位媽媽把唸初中孩子的飛機模型，送給一位來家作客的小小孩。孩子回來後又氣又急又傷心，換來的卻是媽媽說：「你放在書架那麼久也沒在玩，送人有什麼關係？」

「我是太珍惜它，才捨不得玩。」

「不要那麼小器！送人就送人！」

「可是那是我的東西！」

「那是我們買給你的！」

想想看這個對話中，孩子對他的東西的感情有沒有獲得父母的尊重？有時孩子對自己東西的情感，是很難切斷的。女兒四歲時畫了一隻玩具熊，非常得意，以大人眼光看，就是一些圓圈圈連在一起，沒什麼了不起。結果放在餐桌上沾到油，我告訴她：「媽媽沒辦法收藏，因為有味道，留著怕會生螞蟻。」她很捨不得，但禁不住我的勸說，最後還是答應把它丟掉。隔天，她坐在餐桌前哭：「我好傷心，我畫的那隻那麼可愛的玩具熊，你把它丟掉！我不可能再畫出那麼可愛的熊熊了！」大人可能覺得隨便再畫就有，但隔一個晚上，孩子卻還是那麼傷心。

這件事讓我發現，對孩子而言，什麼東西重要，什麼東西不重要，是孩子決定的，不是大人可以理性判斷的，所以孩子們所有的東西我都留著。最近幾年，每年暑假我會請女兒審視一遍小學時的作品，每次都會割捨一些，所以存貨在減少當中，算是一種進步。也直到這幾年，我才把他們嬰兒期的東西送人，因爲女兒什麼東西都捨不得送出去，每一件東西都有她的記憶。

接受孩子的感受

另一種尊重的表現是，當孩子有負面情緒時，不要去指責或否認它，而要用了解的態度去尊重它。如孩子得不到想吃的糖果，你不要說：「有什麼好生氣！再亂發脾氣，去廁所罰站。」；當孩子被處罰了，傷心大哭，你也不要說：「還敢哭！做錯事還敢哭！」

慾望得不到滿足，很挫折、生氣，做錯事被罵或打了，很傷心地哭了，那些情緒對他們都是活生生、眞實的感受，我們沒有權利告訴他，他不可以有那些情緒，讓他覺得有那些負面緒是很不好的事。

我們應該接受它，並告訴孩子：「我知道吃不到糖果你會很生氣，不過不能吃就是不能吃。」或是「媽媽處罰你你很傷心，但打人是不對的行爲。」了解並接受孩子的感受，並不是認同孩子的行爲，但最起碼，可以對孩子展現你的一分尊重。

老大難爲

有位媽媽生了老二，發現四歲的老大變得和以前很不一樣。以前自己會做的事情，現在都變得不會做了；也常常爲了一點點小事，發脾氣或大哭大鬧的。好好地說，他都不聽，威脅利誘也統統不管用，傷透腦筋。

了解孩子的焦慮

我的兩個孩子從小到大兩人相親相愛的，感情很好。當然，到了青少年期，兩個人偶爾會鬥鬥嘴，但兄妹之間一直沒有什麼大爭吵。我一直很引以爲傲，有些經驗可以和大家分享。

通常，老大在老二出生之後，會有種焦慮，擔心父母給他的愛會減少，因此會表現出負面的行爲去驗證這個疑慮。可是偏偏負面搗蛋的行爲，常常換來父母的責備，甚至處罰，這就更證實了父母的確不再那麼愛他的假設。可是，他又不希望他的假設是對的，所以他就會再用另一個負面的行為來驗證。父母如果沒有發覺他行爲背後的主要原因，就會讓親子關係掉入惡性循環裡。

孩子如果擔心父母不愛他，爲什麼不做一些乖巧的行爲來惹人疼愛，反而是用負面的行爲來考驗父母呢？坦白說，我也不知道原因。只能猜測在他們小小的心靈裡，也許有這麼的假設：當我很壞的時候，你還願意包容我，那就表示你眞的愛我。

因爲了解孩子有這種疑慮，所以我在女兒襁褓時期（零到六個月），花比較多的時間與兒子玩，也用各種不同的方式，讓他知道我對他的愛並沒有因爲妹妹的到來而減少。同時要注意的是，我們體諒老大，但並不是所有事情都順他的意，而變成一種溺愛。剛生下老二的媽媽們往往會有一種罪惡感，因爲以前所有的注意力都給了老大，現在分給了老二，對老大覺得非常抱歉，在這時要小心不要因爲罪惡感而對孩子有了不必要的寵愛。而因爲顧及老大的感受，給了老大很多的注意力，因而對老二產生愧疚，也是不必要的。家裡由三人行變成四人行，是全家要學習的課題，罪惡感只會讓你在處理親子關係時失去理智。

把老大變成你的得力助手

另外，教老大哪些行爲是他可以做的，遠比告訴他哪些行爲是他不可以做的重要多了。所以，看到他想要摸嬰兒，可以引導他去摸嬰兒的手和小腳丫。

嬰兒的眼睛和頭部很脆弱，這些比較危險、不想讓老大碰的地方，連提

親子學習樂園

孩子之間的比較，只會引發嫉妒和不平，更進一步激發孩子之間的競爭心理。這會明顯表現在孩子的告狀行為：藉由對方的錯誤行為，來凸顯自己的好。這種情形下也讓孩子只會挑剔別人的錯誤和缺點，而不懂得去讚賞別人的優點，讓手足之間的感情無法融洽。

都不用提。因爲對一個二到四歲的幼兒來說，你愈不想他做的事情，他愈想去試試看。你告訴他不可以的事，變成了在提醒他要去做做看。這不是唱反調，純粹是這個年紀必有的好奇心，是很自然的反應。

再來就是，讓老大了解自己也是從嬰兒慢慢成長的。

我們把兒子從出生到妹妹出生這一段時間的照片，拿出來欣賞。一邊看，一邊告訴兒子他就是這樣長大的。然後告訴他，妹妹也會和他一樣長大，而我們兩個人是教妹妹的最佳拍檔。十多年下來，舉凡在彈鋼琴，做數學及其他的種種問題上，他一直是妹妹的好老師。

誰說老大一定要讓老二

當老二慢慢長大，兩個孩子之間難免會有衝突，處理的時候要特別小心，以免造成孩子心理的不平衡。孩子之間有爭吵的時候，傳統的觀念都要求大的要讓小的，希望藉此可以讓大孩子學得氣度大些，會禮讓，會照顧弟妹。所以一旦孩子有糾紛，只要小的哭了，大的常常就得挨罵。

但這對三到六歲的孩子，甚至年紀更大一些孩子是很難接受的。他們會覺得不公平，因而進一步產生爸爸媽媽比較不愛他的疑慮，引發前面所提到的惡性循環。這種處理方式，對小的也是不好的教導。因為如果小的哭了，大的就要讓，這會讓小的學會用哭來達到目的，養成不懂得尊重別人的霸道習性。手足之間的感情，在這種情形下是好不起來的。所以，如果你家的老大表現得很彆扭，常常故意唱反調，你可以檢討一下，在處理孩子之間的糾紛上，有沒有掉入傳統的做法裡。

大約女兒五歲以後，孩子有糾紛時，我都鼓勵他們自己解決，要他們把自己的感受講給對方聽。在兩人糾纏不清的時候，我才會介入。我的第一句話通常是：「告訴我，事情是怎麼發生的。」有時候老二在一旁哭得很傷心，老大擔心會被處罰，一邊說一邊哭。我都會安慰他：「不要著急，慢慢說。妹妹哭並不表示妹妹對，我只是想了解事情是怎麼發生的，想幫你們解決問題，我不是來處罰人的。」幾次下來，孩子終於了解我的本意，就算有處罰也是就事論事，很公平的。母子之間的信任就這樣培養出來了。

不要拿孩子做比較

一般父母常常在孩子之間做比較，目的是想用一個孩子來激勵另一個孩子。換句話說，想把做得比較好的孩子，拿來當成另一個孩子的榜樣。但這種做法會產生不少負面影響。

首先，會傷害孩子的自信心和自尊心。每個孩子都是獨一無二的，都有自己的優點和缺點，父母要去發掘孩子的優點，教導孩子把優點充分發揮出來，同時包容和接受他的缺點，而不是把他的缺點拿去和另一個孩子的優點做比較，來打擊他的信心。

其次，這會破壞孩子之間的感情。沒有一個人願意相信自己是不行的。孩子之間的比較，只會引發孩子的嫉妒和不平，更進一步激發孩子之間的競爭心理。這種競爭心理也會明顯表現在孩子的告狀行爲。告狀時，藉由對方的錯誤行爲，來凸顯自己的好。這種情形下也讓孩子只會挑剔別人的錯誤和缺點，而不懂得去讚賞別人的成就和優點，讓手足之間的感情無法融洽。

不要拿自家孩子做比較，更不要拿別人家孩子來做榜樣，這對孩子的傷害更大。因爲如果連生自己的父母都對自己不滿意，那我怎能相信自己是有能力的人呢。大一些的孩子還會頂嘴：「誰叫你把我生得這麼笨?!」

唯一可以比較的是拿孩子的過去和現在做比較。指出他過去沒辦法做到，現在卻可以做得很好的事情，來鼓勵孩子透過他自己努力的學習，知道他是可以一直進步的。這種比較是建設性的，讓孩子去感受到自己有能力可以不斷的突破、不斷的成長、不斷的進步。

我和哥哥誰比較好?

女兒四年級的時候，有一天突然問我：「媽媽，我和哥哥誰比較好?」我愣了一下，回答說：「我沒有答案。因爲我從來沒有在你們之間做比較，你們兩個各有各的優缺點，對我來說都很好。你爲什麼問我這個問題?媽媽有讓你覺得哥哥比你好嗎?」女兒回答說：「沒有。只是我覺得哥哥比我好。因爲他鋼琴彈得比我好，數學比我行，電腦也很棒。」

我就告訴她：「哥哥那些事情都做得比你好，有一部分原因是他比你大兩歲，比你早學了兩年，所以，他會的你不會，並不表示你比較差。更何況你們是不一樣的，你有你獨特的優點，譬如說你很會畫畫。拿彈鋼琴來比較，哥哥比你好，拿畫圖來比較，你比哥哥好。誰好，誰不好，怎麼比呢？你覺得這樣比較有意思嗎？需要比嗎？」女兒聽了搖搖頭。我進一步指出：「你看，你小的時候畫的人，只有一個圓圈圈的頭和兩條線當身體和手，但現在畫的人，那麼精緻，你自己一直在進步，這是最重要的，也是媽媽最驕傲的地方，因爲那表示你是一個有能力學習，不斷進步的人。你覺得呢？是不是也要替自己高興？」女兒聽了點點頭，笑了起來。

我想，即使做父母的很小心的處理，當孩子逐漸長大，還是會不由自主的拿彼此比較，而動搖了對自己的信心，就像我女兒的情形一樣。而我們可以做的就是澄清他的疑慮，並進一步的肯定他。

營造親子一對一的獨處時間

有兩個以上孩子時，可以安排和孩子有一對一親子獨處的時間。這對孩子是很重要的，因爲在那一段時間裡，孩子會有擁有爸爸或媽媽百分之百的愛的安全感。時間不需要很長，半個鐘頭或一個鐘頭就夠了。對於父母，這樣的時刻也很重要，尤其當孩子年紀愈來愈大的時候，這種獨處會成爲親子之間一個很好的溝通情境。

孩子到了青春期，有些事會不想讓他人知道。譬如女兒國中時，開始對異性有興趣。一定選哥哥不在時，才會和我說她喜歡那個男孩，而且還要我保證不讓哥哥知道，因爲怕被取笑。所以，一對一單獨相處的機會是絕對需要和珍貴的。也惟有如此做，才能讓孩子願意分享他們的心裡世界。

孩子正面的情緒起源於發自內心的喜悅和滿足。兒子一歲半時，最愛玩的是調製各種顏色，調好了，還當樂器敲打起來，自得其樂。

3

讓孩子做情緒的主人

不同於IQ（智商）受限於天生的條件，
EQ（情緒智商）是可以後天培養的。
EQ不高的父母，養育不出EQ高的孩子？答案是肯定的。
在面對孩子學習上的錯誤和不當的行為時，
父母情緒的表達是冷靜溫和，還是憤怒兇惡；
處理的方式是講理包容，還是責罵處罰，都是一種示範。
孩子會從父母的言教和身教中學習如何看待自己的感受，
如何合理的把自己的感受表達或宣洩出來。
正因為EQ是學習來的，在陪孩子成長的路上，
父母和孩子是可以一起提升的，而且永遠不嫌晚。

培養情緒智商三步驟

情緒智商（Emotional Intelligence Quotient, EQ）一詞，最早是由美國心理學家沙洛維（Peter Salovey）和梅耶（John Mayer）於一九九〇年提出的，它指涉個人對自己情緒的把握和控制，對他人情緒的揣摩和駕馭，以及人生的樂觀程度和面臨挫折的承受力。正如智商反映的是傳統意義上的智力一樣，情緒智商也適切地反映了個體的社會適應性。

情緒智商的內涵，有很多種不同的詮譯，各家不同。我個人最常用的是沙洛維提出的說法。他說，EQ可以大略分爲五個元素：清楚知道自己的情緒、合理表達自己的感受、自我控制欲望衝動的能力、知道別人的感受、和諧的人際關係。

教孩子認識各種情緒

培養孩子的EQ，可以簡單分爲三個步驟。

第一步驟，描述他的情緒給他聽。對孩子來講，肚子餓了會哭，生氣時摔玩具，有些是反射的動作，他並不知道這意味著什麼。所以在與孩子的互動中，父母要幫他描述自己的感受，而且從他一出生就可以開始，告訴他：「你現在哭得很傷心，是因爲肚子餓。」、「你沒有看到媽媽，所以很害怕。」

讓他熟悉這些描述情緒的語言，以後碰到類似情境時，他就可以用語言

親子學習樂園

有些父母看到孩子跌倒會說：「對不起，對不起！」，或是打地板，一邊還說地板壞壞。這些其實都是在傳達錯誤的訊息給孩子，因為這些舉動都是在否定情緒，讓孩子失去從錯誤中反省學習的機會，甚至養成孩子把過錯歸咎於他人，或是以各種理由掩蓋錯誤的習性。

來表達，比如得不到東西哭是傷心；媽媽不能陪自己玩是失望；事情做不好是懊惱。這個過程可以幫他準備好工具，學習用合理的方式表達情緒。所以父母與孩子在一起時，要常常跟他講話，或許小孩子小時候還不會回應，看起來好像我們在自言自語，但是孩子聽多了，等他兩歲左右開始講話，就可以使用描述自己感受的字彙了。

第二步驟，接受孩子的情緒。孩子開心，哈哈大笑時，父母都沒有問題，但是孩子生氣時大哭，摔玩具，父母就會起情緒反應。其實不管情緒爲何，情緒本身是沒有對錯的。父母在面對孩子的情緒時，最容易犯以下三種錯誤：

首先是忽視。當孩子哭時，父母可能會轉身走開。因爲很多父母覺得「不要理他，他自己就會停下來。」年紀愈小的孩子，對這種情形往往愈害怕，反而會愈哭愈大聲，因爲他覺得爸媽不要他了。日子久了，孩子也可能學到哭也沒用，不哭了。但孩子不再哭，有可能是他以爲自己不應該有情緒，甚至不可以把情緒表達出來，這種想法對EQ的發展是不健康的。

不要否定孩子的負面情緒

其次是否認，以及不尊重情緒。有些父母習慣把孩子的負面情緒否定掉，所謂大事化小，小事化無。例如，孩子生氣摔玩具，或打妹妹，被父母處罰了，孩子開始哭。「你還敢哭！明明是你做錯事。」父母這種反應，就是在否認情緒。讓孩子以爲這種情緒反應是不可以的。此時父母不如說：「我知道你被處罰，很難過。不過，打妹妹是不對的。」還有，當孩子跌倒時哭了，父母會說：「不痛，不痛，你很勇敢！」這讓孩子很困惑，明明很痛，爲什麼媽媽說不痛呢？他會搞不清自己的感受。父母不如說：「你跌倒了！很痛是不是？媽媽揉一揉。」

另外一種極端是，有些父母看到孩子跌倒會說：「對不起，對不起！」好像孩子跌倒是父母的錯，或是爲了哄孩子，父母會打地板，一邊還說地板壞壞。這些看來都是小事，但其實是在傳達錯誤的訊息給孩子，因爲這些舉動都是在否定情緒，否定當事人有覺得傷心的理由，孩子也會在無形中學到這種想法，也可能讓他失去從錯誤中反省學習的機會，甚至養成在起情緒反應時，把過錯歸咎於他人，或是以各種理由掩蓋錯誤的習性。

再來是賄賂。孩子哭鬧，特別是在公共場所大哭大鬧，有些父母會跟孩子說：「不要哭，不要哭，給你糖吃。」用買糖的方式把情緒拿掉。這種方法也不健康，因為孩子沒有學習到處理情緒的適當方法。

接受他的情緒，並不表示同意他的行為

情緒本身沒有對錯好壞，唯一所謂的好壞，是表達情緒的方式。孩子是活生生的個體，父母可能覺得沒有什麼好哭或是傷心的事，對孩子卻不然。你可以告訴孩子：「你是可以生氣，但不可以打妹妹！」、「你可以傷心，但不可以摔玩具！」或是「媽媽不准你看電視，你很懊惱是不是？很抱歉，但不可以做的還是不可以做。」接受他的情緒，並不表示同意他的行為。

第三步驟，引導孩子。在告訴孩子情緒不好時，哪些表達方式不被接受（主要為傷己、傷人和破壞東西）的同時，更要提供孩子可以表達的方法和可以接受的行為。

一個生氣打人的孩子，受了處罰，下次生氣時，很可能還會再出手打人。因爲對這孩子而言，除了打人，沒有其他方法可用來表達心中的憤怒。而父母在急於糾正他的不當行爲時，並沒有教他下次可以用來宣洩情緒的恰當方法。更何況如果父母是以打來教訓孩子，孩子學到了什麼？他會學到打人是不對的嗎？

每個人都有情緒，情緒應有表達的管道。我們可以建議他把感受說出來：「我很生氣！」、「我好難過！」記得兒子兩歲時，有一次得不到要求的東西，坐在沙發上，一邊哭一邊說：「我現在好傷心，我現在好傷心！」哭完，情緒平和了，再和他溝通就很容易。

畫圖也是表達情緒不錯的方法。你和孩子一起畫，畫完貼在冰箱上。或是在公園跑兩圈，或是用漂亮的布塊做成出氣包，用來捶它。也可以在浴室大叫幾聲，在院子打打球，甚至哭一哭。總之就是要孩子做得來，父母也可以接受的方式。

快樂選擇權

女兒二年級時，老師接受了ＥＱ的訓練，回來以後就用在課堂上。每天早上，小朋友進了教室，老師就要小朋友圍成一圈，然後在一至十之間選一個數字，來形容自己今天早上的情緒，數字愈大就表示愈快樂，而且要講出原因。

有個小孩說，他今天早上的心情只有三，因爲哥哥和他吵架了。有個小孩說，他的是五，因爲他的祖母生病了。等到所有小朋友說完，老師就說：「我們都聽到了，有人快樂，有人不快樂，做爲你們的朋友，我們可以一起唱首歌，或是抱抱你，讓你心情好一點。但不管我們用什麼方法，最終可以讓你快樂起來的人，只有你自己。你要快樂或是難過，決定於你自己的心境，決定權在你。」

因爲我知道，老師在學校已經種下這樣的種子，所以在家應用，孩子很容易接受。父母可以在睡前，或是晚飯後，和孩子做這種「遊戲」，讓他們舉例說說一天來的感受。想要孩子做，自己一定要示範，例如「媽媽今天的心情是八，因爲碰到一個老朋友，所以很開心。」孩子太小一下子講不出來時，可以慢慢練習。

情緒操之在我

著名的猶太精神醫師弗郎克（Victor Frankl）曾經和家人被關在納粹集中營裡，親人一個個被抓去做各種化學實驗的對象，也都沒有回來。他每天生

親子學習樂園

有些孩子在面對責任時，常常會很情緒化，怨天尤人，我們一定要把正確的觀念深植於他的心中，告訴他：「山不轉路轉，境不轉心轉。有些該做的事是不能逃避的；可以改變和掌握的是自己面對那件事的心情。」絕對不要把孩子的事和情緒變成父母的責任。

活在極度的恐懼中，不知道什麼時候自己會被帶出去，也不知道他們會對自己做什麼。有一天，他終於也被帶走了，一個人關在斗室中，全身被剝光。他繞著房間一遍一遍地走，恐懼到極點，就在他最恐懼的時候，他突然領悟到一件事情：「爲什麼我要這麼恐懼，不管他們要對我做什麼，但決定要不要快樂是我的權利，是別人永遠拿不走的。」

大戰結束之後，倖存的他到了美國，在一所大學教書，提出了「操之在我」（proactive）的概念，鼓勵大家跳脫一般所謂的「刺激—反應」模式。要大家了解在刺激與反應之間，我們有選擇的自由。

在面對自己的情緒時，我們往往不自覺地怪罪別人，覺得「我不快樂，都是你惹我的！」我們忘了，自己才是情緒的主人。尤其是孩子，要把情緒的責任歸還給他。要讓孩子明白，當別人嘲笑或說了難聽的話時，要不要對那些「惡言惡語」起情緒反應，自己是可以作主的；要不要被那些話語傷害，也是自己的選擇。美國前第一夫人伊蓮娜・羅斯福曾說：「除非經由你的同意，沒有人可以傷害得了你。」也是同樣的道理。到了青少年時期，這點尤其重要。

「操之在我」的概念可以應用在情緒管理上，也可以把這樣的態度，應用在學習和做事上。

兒子五歲時有一次不想練琴，坐在鋼琴前哭。我問他說，「你想要學琴嗎？」他點點頭。「學琴就一定要練琴。看你這樣哭，媽媽很心疼，你有兩個選擇：一是你高高興興地練，一是哭哭啼啼地練。這我沒辦法幫你，是你自己的選擇。」哭了二天，我重複這些話，也許哭也挺累人的，也許終於想通了，他又開心的練琴了。

境不轉心轉

隨著孩子長大，有些孩子在面對責任，如做功課、做家事或練琴時，常常會很情緒化，怨天尤人，怪東怪西，我們一定要把正確的觀念深植於他的心中，告訴他：「山不轉路轉，境不轉心轉。有些該做的事是不能逃避的；可以改變和掌握的是自己面對那件事的心情。」絕對不要把孩子的事和情緒變成父母的責任。

父母在面對問題時如何反應，都是在做示範，孩子也在吸收學習。如果你看到孩子犯錯就破口大罵，看到別人做不對的事情，如開車時超你的車，也要罵兩句等，如此孩子在外面遇到事情時，你很難期望他可以心平氣和地看待自己或別人的錯誤。

身教重於言教

如果以「操之在我」的概念來解釋，孩子做了不當行爲或有負面情緒時，父母要心平氣和的解決問題或氣急敗壞的責罰孩子，不也是父母可以做的選擇嗎？事情發生時，我們的應對就是活生生的例子，這種身教遠比言教來得更有效。

當然，父母也是人，難免會有情緒失控的時候，也不必太懊惱。我自己有時也會因爲孩子的錯誤而生氣，但事後我爲自己的不良示範向他們道歉。我說：「媽媽剛才發了一頓脾氣，雖然是你做的事情不對，但我用的方法也不好。我跟你道歉，對不起！」

也許爸媽們會擔心向孩子道歉會誤導孩子，以爲一切都是父母的錯。在我個人經驗裡，得到的反應通常是孩子會對我說：「媽媽，對不起，我也有不對，我會想辦法改的。」所以要不要道歉，你有選擇的自由。

到底該怪誰？

兒子八年級時，有次下課後留在學校參加西洋棋特別活動。我去接他時，他板著苦瓜臉，見到我就說：

「我不知道要不要怪大衛。」

「怎麼了？」

「我下棋時碰到一個難題，他幫我出主意，我照著他的方法下，以後就一直輸。」

「你輸了很沮喪，對不對？」

「嗯！」

「你剛剛下棋下得開不開心？」

「很開心啊！」

「玩得很開心，也一直動腦，我想那是最重要的。你覺得呢？」

「嗯！其實輸贏眞的沒那麼重要。」（苦瓜臉已經漸漸消失了）

我接著又問他：「是你請大衛給你建議的嗎？」

「嗯，我當時很困惑。」

「他給你建議，要不要採用，是誰決定的？」

「我！」

「那眞要怪，要怪誰？」

「我。可是我那時來不及想，老師已經來叫我趕快下。」

「嗯，這證明你的功力仍然不夠好，才會困惑，你就承認吧，沒什麼好丟臉的，這表示你還有許多進步的空間。」

親子學習樂園

當孩子因一件事生氣懊惱時，父母的角色是協助他如何看待、詮釋事情。父母可以先接受他的情緒，然後用反問的方式，讓孩子去思考，但是結論必須是孩子自己想出來的。經由孩子思考得出的結論，才會成為孩子的相信系統。孩子四、五歲後都可以這種方法引導。

「是啊，我沒有大衛厲害，下回我要多找他下幾次，也許我可以向他學習。」

「還要怪大衛嗎？」

「沒有啦。」

當孩子因一件事生氣懊惱時，父母的角色是協助他如何看待，如何詮釋事情。父母可以先接受他的情緒，然後用反問的方式，讓孩子自己去思考，但是結論必須是孩子自己想出來的。經由孩子思考得出的結論，才會成爲孩子的相信系統。孩子四、五歲以後都可以這種方法引導。不要用「大衛好心幫你，怎麼可以氣他」、「自己下輸了，不可以怪別人」、「大衛是你的好朋友，這是小事而已，不要怪他」等等說詞，幫孩子決定他要不要生氣。

天底下沒有解決不了的問題

孩子出現問題，不要恐慌，要用很正面的態度面對。我常教他們，發生不好的事情，除了沮喪不安之外，重要的是想想如何解決，而天底下沒有解決不了的事情。

兒子二年級時，有次去校外教學，我去接他時，他哭喪著臉。老師很生氣的告訴我，規定上廁所一定要兩人一起去，結果兒子自己去上廁所，沒有結伴，也沒有告訴老師和其他家長，害得大家到處找他。回家途中，兒子難過得哭了。我對他說：「媽媽知道你很難過。可是老師生氣是有道理的。想想看，萬一你眞不見了，她要負多大的責任。你有沒有跟老師說，你以後不會再犯？」

他點點頭，接著說：「這個老師是新來的，又是新學期，她一定以爲我是壞孩子。」

我說：「如果你覺得這是一個問題，那就要想辦法解決，與其哭，不如把哭的精力用來解決問題。」

後來，經過討論，兒子寫了封信向老師道歉。

第二天，我去接他，問他信給老師了嗎？他說，老師看完就給了他一個擁抱！

女兒剛上幼稚園時，因爲是和一年級混齡，班上只有五位五歲女生。下課時五個女生一起玩，有位女孩就指揮其他女生玩電視裡的卡通劇，然後自己當主角。女兒因爲沒看過那卡通，被指派當小狗。女兒回家很生氣。

「不公平，每次都是梅莉沙當主角，一星期五天，我們五個應輪流當主角才對。」

「如果她不肯，你怎麼辦？」

「我不跟她們玩。」

「不跟她們玩，你會不會覺得很孤單？」

「不會。我可以找男生玩手球。」

「很好。要改變四個女孩是不容易的。而可以改變的是你自己。要讓自己快樂，決定權在你，而不在她們。」

女兒一直到學期結束前，大部分時間都是跟男生玩，只有在她覺得合理的情形下才會參與那四個女生的活動。

其實女兒偶爾還是會有「孤單」的感覺，畢竟她也只有五歲。每當她表達這感受時，我會告訴她：「不跟她們玩是你的抉擇，這的確是個很難的決定。我了解孤單是很不好受的。但要不要讓孤單把你變得不快樂可是你的選擇。媽媽可以做什麼讓你快樂些嗎？」透過我的了解，或一個擁抱、讀一本書，女兒的情緒通常很快就過去。但在成長路上，類似情況仍一再出現，雖然敢於和別人不同以及承受自己情緒的波動，對女兒來說是很辛苦的，但爲了培養孩子正面思考的能力，仍得咬著牙陪她這一段。

十年後，她跟我說：「和朋友在一起玩，挺不錯；自己一個人，也很好。各有各的好。任何一種情形都可以快樂。」我想，女兒總算是長大了。

我最大的缺點，是我最小的優點

兒子五歲時，我們曾討論過家裡每個人最擅長的是什麼。兒子說：「爸爸最會電腦，媽媽會教小孩，妹妹會畫畫，我最會天文和地理。」孩子說的是每個人的長處，但也同時承認自己有些方面沒有別人好。

類似的話題，常出現在我們家的餐桌。隨著年紀逐漸長大，他們的答案變成是：「我的邏輯推理能力很好」、「我很能了解別人的感受」、「我的運動神經不錯，跑得很快」，孩子都對自己有了更進一步的分析與了解。

兒子九年級時，有天從學校回來說：「今天上體育課，跑一千六百公尺。班上的大衛跑得好快，我怎麼追都追不上。下課時，我告訴他：『你太厲害了！我怎麼拚命跑也跟不上。』他聽了很高興，但回了我一句：『我也只有跑步贏得過你。』」

我聽了非常感動。這兩個孩子一方面讚歎別人的優點，又能坦然接受自己的不足，這種良性互動，是多麼美好的事！這不是我們養育孩子的目的嗎？這就是自信的真正內涵。

只要不會變笨，我就接受它

兒子五歲時，我有一次問他：「你最大的缺點是什麼？」

「我沒有缺點。」

「怎麼可能？」

親子學習樂園

「媽媽，他是青少年，如果他那樣做可以取悅他的朋友，提升他在朋友中的地位，我可以了解。而且我知道我的動作有時候實在很可笑。大家笑笑解壓也不錯。」

「那明天泰勒按門鈴，你還會出去和他打籃球嗎？」

「會啊，我真的不介意。」我想兒子真的徹底接受了自己。

他眼睛直視著我，笑著說：「我最大的缺點，是我最小的優點。」

大概是這種「缺點也要當優點看」的樂觀心態，當他四年級時被診斷出有妥瑞氏症（Tourette's Syndrome）時，他只問醫生一個問題：「妥瑞氏症會不會影響智商？會不會讓我變笨？」醫生說：「不會。」他如釋重負地說：「只要不會變笨，我就接受它。」他毫不沮喪地接受事實。

妥瑞氏症是一種腦神經方面的疾病，患者會有重複性不自主的動作或聲音，因由法國妥瑞（Gilles de la Tourette）醫師發現而命名。妥瑞氏症的成因不明，一說和遺傳有關，也有人認爲是壓力造成。雖有藥可控制，但有嚴重的副作用，除非影響到孩子的學習，一般都不建議使用。兒子的妥瑞氏症是屬於聲音和動作都有，但有聲音時就不會有動作，有動作就不會有聲音。

兒子有時因睡眠不足，症狀變得比較明顯。小學時，當他發出不自主的怪聲或怪動作時，同學問他，他就回答：「It is Tics, kind of bad habits（這是妥瑞氏症，就像某種壞習慣）。」同學就說：「我也有壞習慣，我會咬指甲。」大家就笑成一團，沒有人嘲笑他。

初高中時，兒子會跟同學解釋妥瑞氏症是一種腦神經方面的疾病。他不會因別人笑他而受到影響，更不會因此而生氣。鄰居幾個年紀相仿的小孩常玩在一塊兒，高一時，其中一個朋友告訴他，另一個朋友常在其他人面前學兒子發病時的模樣，惹得眾人哈哈大笑。兒子告訴我時，我聽了很心疼，但一如我平常的做法，我只是反問他：「那你覺得怎麼樣？」

「媽媽，他是青少年，如果他那樣做可以取悅他的朋友，提升他在朋友中的地位，沒關係，我可以了解。而且我知道我的動作有時候實在很可笑。青春期的孩子壓力很大，大家笑笑解壓也不錯。」

「那明天泰勒按門鈴，你還會出去和他打籃球嗎？」

「會啊，我眞的不介意。」我想兒子眞的徹底的接受了自己。

無用之用

在幾次聚會裡，有些媽媽提到孩子有壞習慣，怎麼說都改不掉。依據描述，我直覺就是妥瑞氏症。分享兒子的經驗後，請媽媽們找醫生診斷。後來有四個孩子證實有妥瑞氏症。我對兒子說：「因爲你的妥瑞氏症，媽媽才可以幫助別人，讓他們對自己的孩子有較正確的認識，不會錯把妥瑞氏症當成壞習慣去責怪孩子。」

所以，當和孩子一起讀到《莊子》的「無用之用」時，兒子立刻說：「你看，我的妥瑞氏症雖然是個毛病，但它是有用的。」他又補充：「而且它還幫我了解每個人都是有缺點的，更學習到如何接受自己的缺點。」

我可以和別人不一樣

兒子五歲以後，個子明顯比同年紀的孩子小。因爲預期長輩和一般社會價值會給他「你怎麼長不高，是不是沒吃飯」這類壓力，爲了不影響他的自信心，爲了防患未然，從小我就告訴他一個人的好壞，和身材高矮無關。

我會協助他去了解哪些事情他可以做得好，藉此提高他的自尊，讓他發自內在對自己產生信心和滿足感，所以兒子不但不以矮小自卑，六年級還曾一度埋怨：「班上的茱莉竟然比我矮，我再也沒辦法保持班上第一矮的紀錄。」也許是他展現出的那分自信令人不敢侵犯，他從沒被人欺負。

價值的灌輸，是一點一滴的累積。有些時候，父母無心的話語，傳達的卻是負面的價值觀。如果你希望孩子不是只追求外表，或不會渴求外在價值的肯定，就必須在生活中避免會強化這些價值的示範作用。所以在日常生活互動小節上，我會注意自己的話語。

例如我不會在兒子不吃飯時告訴他：「你不吃飯就會長不高。」我會從健康的角度告訴他：「不吃飯不會有健康的身體。」我不會說：「穿這樣別人會笑你。」而說：「這種天氣穿這樣出去合適嗎？」避免用「別人會……」這種句子，以免孩子有「我要去迎合別人的想法或看法」的印象，而失去自我。

從小幫女兒打「預防針」

養育女兒也相同。因爲看到女孩子在青春期過度注重外表的例子比比皆是，所以從小也對她打「預防針」，希望她長大後可以免去外表的魔咒。我告訴她外表的美醜是生來就決定的，不能改變，能改變的是我們的內在。

女兒雖然接受了這觀念，但到了六年級，也會想要漂亮。我並不介意她愛漂亮，我告訴她：「喜歡漂亮沒有不對，我也喜歡看到自己的女兒漂漂亮亮的，只是我不希望你把追求漂亮的外表當成生活主要目標。」在這種「喜歡漂亮沒有不對」的共識下，一些與外表有關的話題，她欣然參與討論，也能較客觀的聆聽我的一些意見。像是我們就會討論：

- 把自己打扮得漂漂亮亮，是爲了得到別人的青睞，還是應以讓自己高興爲主？
- 打扮應講究流行、時髦，還是應以如何凸顯自己的優點、掩蓋缺點爲考量？
- 需要穿名牌嗎？穿名牌的目的是什麼？穿名牌可以讓你變得更好嗎？如果因爲你穿了名牌才想和你做朋友的人，你喜歡這樣的朋友嗎？
- 不可否認外表是第一印象，但是不是有比外表更重要的特質需要去培養？換句話說，你想要別人喜歡的是你的外表，還是因爲你的善良、

親子學習樂園

我從小就教兒女如何面對別人的批評。如果當時孩子很難過，我會先緩和他的情緒：「你聽到別人這麼說，心裡很難過，媽媽可以理解……」然後教他們，別人說我們不好時，要先反省，自己有沒有做了不該做的事？別人講得有沒有道理？如果自己沒錯，就不用介意。

貼心、幽默或其他特質？

經由上述的辯證思考，女兒很能接受自己：「我雖不算超級漂亮，但也不難看，我也很健康，夠了啦。」她能滿意自己、喜歡自己，我想我在這主題對她的教育也夠了！

勇於面對別人的批評

孩子一般都會在意別人對自己的想法和意見，甚至因爲別人對自己的不當意見而扭曲了自我的認知。所以，我從小教兒女如何面對別人的批評。如果當時孩子很難過或情緒不好，我會先接受或緩和他的情緒：「你聽到別人這麼說，心裡很難過，媽媽可以理解……」然後我教他們，別人說我們不好時，要先反省，自己有沒有說了不該說的話，做了不該做的事，讓別人生氣，再想想別人講得有沒有道理，如果自己沒錯，就不用介意。

我常告訴他們：「你不會因別人說你好，就變得更好；也不會因爲別人說你不好就變差。不要讓別人口中的你決定你是誰。」

佛經裡有些很好的故事，我有時也會拿來和孩子分享。有次佛陀講經，有人來罵佛陀，一直罵個不停。等到他罵完了佛陀才開口：「有人送禮物給你，如果你不喜歡，你會怎麼樣？」

「退還給他。」

「你剛才送我的禮物，我不接受，請你拿回去。」

女兒六歲時，有次和一個女孩玩，女孩因故生氣罵她，女兒回答說：「你送我的東西我不喜歡，還給你。」女孩子不懂她這話的含義，也跟著說：「還給你。」兩個人就還來還去的。後來女兒跟我說：「沒有用，退不回去。」我告訴她：「重點在於你要不要讓那些難聽的話傷害你，如果選擇不被傷害，有沒有退回去其實一點也不重要。」

我也鼓勵他們，要勇於表達自己的意見。被別人指責時，要先反省，自己言行表達是不是有侵犯他人，如果沒有，就要懂得站起來爲自己辯解。

女兒二年級時，班上有位同學很霸道，常常昨天和你玩，今天則完全不理你。女兒不勝其煩，決定不理她。有一天，那位同學問她：「要不要跟我玩？」女兒說不要，她就哭著向老師告狀。老師把女兒找了去，她想起媽媽告訴過她，如果自己沒做錯，就不用害怕，要站出來爲自己說話。她就跟老師解釋原委，老師了解情況後，一點也沒有責怪她，反而訓了那位同學一頓。這個經驗讓女兒更懂得保護自己的權益。

不怕與衆不同

女兒七年級時，有次去參加生日宴會，飯前大家玩遊戲，要猜出播放的流行音樂是誰唱的。因爲她平常很少聽那些流行音樂，結果一首也猜不出來，當場她覺得有些尷尬，朋友則一直安慰她沒關係。

她回來描述時，我說：「如果不懂那些歌會影響到妳的社交，我們可以買一些回來聽。」她回答說：「媽媽，不用了，這些歌我聽過，歌詞都不太文雅，不是性就是暴力，當時是有一些尷尬，但我沒問題的。我不想只是爲了避免尷尬去聽那些曲子。」

另外一個例子是，學校球季時球員們都不用上體育課，等到球賽打完，有人建議大家集體不要回去上體育課，蹺一個禮拜的課。女兒就說：「我已經跟體育老師說球賽這星期就結束了。」

「你爲什麼要告訴他？」

「我剛好碰到他，他問我，我也不能撒謊。」

除了少數二、三位同學支持她，主動跟她說：「你做得沒錯！」之外，其他球員都很生氣。

她回來告訴我這件事，我就問她會不會擔心大家討厭她？她說：「會也沒辦法，不對的事，不能因爲怕別人生氣就做。萬一老師發現，受害的可是我。」但她也承認，對的事情，即使站得穩，要堅持下去，非常難！

兩個孩子現值青春期，我很佩服他們有自己的判斷力，不會輕易受到別人的影響，不會崇拜偶像，對於別人的惡意批評也不會介意，他們的想法是：「你要亂罵我，是你的問題，我才不管呢！」

要讓孩子喜歡學習，就要提供機會讓他親身體驗。兒子著迷天文，爸爸和他參加太空親子營；讀了進化論，我們就去了一趟厄瓜多爾的格拉帕格斯群島。

4 自動自發學習樂

在教育孩子的過程中，不要急著教他們東西，
應努力保住孩子的主動性。
因為只要保有學習動機，等到時機成熟，
孩子想學的時候，一定可以學得很好。主動性是孩子天生就擁有的。
順應孩子的興趣，讓孩子在學習的過程和結果中，打從心底發出讚嘆，
體會到學習的樂趣，是父母重要的責任。
孩子也需要清楚的知道，
他所做的種種努力和學習都是在為自己儲備面對人生挑戰的能力，
不是為了討父母的歡心。爸媽只是一路為他加油，喝采助陣的人。

孩子的興趣，是最好的指標

許多家有幼兒的媽媽常常問我，這個年紀的孩子，應該教他們什麼？我的答案往往是：孩子的興趣是你最好的教育指標，依孩子的興趣引導他，學習的效果最顯著。

依順孩子的興趣教導他，就如順水推舟，會有事半功倍的效果。但媽媽們常說，孩子好像對什麼都沒興趣，怎麼辦？

我反問她們：「你的孩子總有他喜歡玩的東西吧！」

她們回答：「有啊！他最喜歡玩石頭。」或「是玩水、玩沙，但那些算是興趣嗎？玩那些東西可以學到什麼？」

其實很多人對學習的觀念太陝隘了。學習不是只有讀書、寫字、數數和畫畫。對一個幼兒來說，周遭一切都是學習的對象。曾有一位數學家回憶，他就是兒時玩一堆石頭時，領悟到數字的「保留觀念」——石頭不管被排成什麼形狀，數目都不會改變。石頭可以用來玩數數的遊戲，分辨大小、形狀，或當成勞作的材料，更可以進一步教孩子各種不同的礦石的名稱和由來。

不要小看孩子玩的東西，以爲玩那些東西沒意義。其實，孩子的玩具是否有教育功用，全看作父母的怎麼去掌握和應用。

兒子的天文之旅

兒子四歲時，有一天無理取鬧，我笑他好像一個外星人（alien），有理

親子學習樂園

學習不是只有讀書、寫字、數數和畫畫。對幼兒來說，周遭一切都是學習的對象。如果孩子愛玩石頭，石頭可以用來玩數數的遊戲，分辨大小、形狀，更可以進一步教孩子各種不同的礦石的名稱和由來。其實，孩子的玩具是否有教育功用，全看作父母的怎麼去掌握和應用。

講不清。兒子從來沒聽過alien這個詞，馬上停止哭鬧，問我：「媽媽，什麼是alien？」我靈機一動，把家裡的「ET」錄影帶拿出來，陪他一起看。當電影演到ET把幾團黏土放在空中，指著那些旋轉的球說「home」時，我對兒子說：「那些轉來轉去的球，很像我們的太陽系。」

電影結束後，兒子問我說：「媽媽，你剛剛說的太陽系是什麼？」為了讓兒子知道什麼是太陽系，隔天我們到圖書館借了一些天文方面的書。兒子一看到那些星球圖片，便愛不釋手，也展開了整整一年的天文之旅。

在那一年裡，兒子腦子想的、嘴裡說的、筆下畫的或寫的，幾乎都離不開星球。我也順著他的興趣，提供他各方面與天文有關的資訊，除了帶他去借各種圖書外，我們家也有各種星球的掛圖和拼圖；還介紹他聽霍爾斯特（Gustav Holst）作的「行星交響曲」（The Planets）。他選擇觀賞的錄影帶和玩的電腦軟體，也都與天文有關。

每個月，我們還帶他參加天文協會舉辦的觀星活動。在那一座座的天文望遠鏡裡，我們驚喜的看到月亮、金星、火星、木星和土星。兒子提出來的，而我們回答不出的問題，都從那群業餘天文學家口中得到了答案。

事隔多年，兒子當初學到的許多有關天文常識的細節，可能已經不復記憶了，有時想想似乎很可惜，但當時學習的過程是很快樂的，這樣就足夠了。經由各式各樣的學習過程，讓孩子體驗到學習是一件很愉快、充滿成就感的事情，比記得那些天文常識更重要。因爲從學習的過程中體驗到快樂的孩子，永遠都不缺乏學習動機。

更欣慰的是，我們這種順著他的興趣引導他學習的過程，留給他的美好印象，使他在面對其他不知道的事情時，會一心一意地要查個水落石出。

獨鍾飛機的孩子

父母陪孩子學習時，也要尊重他是這世界上獨一無二的個體，尊重他天生的優點和缺點，讓他依著自己的步調，快樂地學習與成長。

曾經有位媽媽很苦惱地問我：「我在圖書館借了許多書，我那四歲的孩子連看也不看一眼，每天只抱著那本飛機的書，吵著要我唸給他聽。這情形已經有二、三個月了，怎麼辦？」

我回答她說：「你的孩子這麼喜歡飛機是正常的，而且是很好的事。因爲，重複學習是幼兒建構自己對這個世界的認知時，一個非常重要的過程，不要去壓抑他。」

然後我建議這位媽媽，順應孩子的興趣，和孩子一起喜歡飛機。到圖書館借一些有關飛機的書，陪著孩子讀，再把和飛機有關的事物引入一起研究，如飛機的起降、飛機場的作業、與飛機有關的其他交通工具等，一步一步地擴展孩子的知識領域。

一星期之後，這位媽媽很高興地分享她的經驗：「我眞不敢相信孩子的學習能力！短短一星期，我兒子學會了各種飛機的特色和功能，飛機場的設備和作業程序也都很清楚，眞是不可思議！」

另一個例子。有位大約四歲的孩子只喜歡忍者龜，舉凡玩具、衣服，都要和忍者龜有關。到了圖書館，雖然一個字也不會認，卻可以抽出一本又一本忍者龜的書，吵著要借回家。媽媽怎麼樣都禁止不了孩子對忍者龜的喜愛，又擔心孩子從中學會暴力，爲此煩惱不已。

我的建議仍然是：「順應孩子的興趣，把忍者龜變成你的朋友，成爲你和孩子之間的溝通的工具。譬如，你要他學數學，他興趣缺缺，你就可以和他玩遊戲，問他：『一隻忍者龜吃兩個披薩，四隻忍者龜需要幾個才夠吃？』他一定會認眞想，要不要試試看？」

過了兩個禮拜，這個媽媽回來分享：「眞有效！我問他一隻忍者龜打倒三個壞人，十五個壞人需要幾隻忍者龜，他竟然可以回答五個。這不是除法的概念嗎？不知忍者龜這麼好用。」

不要跟著別人的腳步學習

曾有位媽媽問：「我教我四歲的孩子認字，昨天才教，今天她已經忘了。更嚴重的是，現在只要我拿出字卡，她就躲起來。怎麼辦？她有沒有問題？」

「認字是她要求的嗎？」我問。

「沒有啊！我看朋友家的孩子在學，就想教她。她自己不是很喜歡。」

這位媽媽回答。

「孩子記不得字，妳有沒有罵她？」

「當然有啊！」

「你孩子所有的反應都很正常。」我只能這樣回答。

這個孩子當然沒有問題。這位媽媽因為別人的孩子學認字，就要求自己對認字不感興趣的孩子也要如法炮製，結果是教的人辛苦，學的人也痛苦，不但把孩子主動學習的精神抹殺，也破壞了親子間的和諧，眞是得不償失。

每個孩子的學習路不同

兒子滿一歲時，朋友送了一桶動物造型的海綿玩具。兒子洗澡時，我把玩具放在浴缸中，拿起大象的模型，跟他說這是大象，拿到字母Ｂ，就跟他說這是Ｂ。純屬遊戲，只是想讓洗澡變得更有趣。

兒子一歲半時，二十六個英文字母全會了。有一天他在另一個玩具上看到Ａ旁邊有一個小字ａ，就問我：「媽媽，這是什麼？」

「小寫的ａｂｃ。」

「教我。」

我就把玩具上小寫的ａｂｃ唸給他聽。接下來的一個星期，他每天都玩半小時以上的玩具，對照著大寫小寫的ＡＢＣ，不用我教，一星期後他對我說：「我二十六個小寫都會了，你可以考我！」

兒子只愛ＡＢＣ

他對借回家的各式各樣的ＡＢＣ圖書，充滿了興趣。拿著書坐我旁邊：「媽媽唸給我聽！」「A is for Apple, B is for Banana, C is for……」再唸一遍，唸了第二遍、第三遍，「媽媽可以了，我自己讀。」也許是有圖片的關係，他把圖與文字對照學習。兩天後，跑到我身邊，朗朗上口：「媽媽，A-P-P-L-E是Apple，B-A-N-A-N-A是Banana。」把書裡的字一個一個拼出來，所以他兩歲時，就可以讀Dr. Seuss的書了。

根據我所受的幼兒教育訓練，零至五歲是孩子的想像力和創造力最豐富的時期，所以我準備了一些黏土、顏料、積木等，希望讓他自由發揮，結果兒子樂高積木排出的都是ＡＢＣ，畫在紙上的也都是ＡＢＣ，我很失望，覺得自己的孩子很沒有創意。直到看了美國兒童心理學家艾爾肯（David Elkind）的一篇文章中，說到三歲以前就會唸書的孩子約占千分之三至四，我才知道兒子算是少數。一般而言，孩子五歲以上，甚至七歲以上，印刷字對他們才開始有意義。

其實兒子喜歡認字讀書，完全是他主動要求的，我不過因應他的需要，提供一個學習的環境而已。

不強迫女兒學ＡＢＣ

和兒子差兩歲的女兒，學習過程則大不相同。洗澡時，玩一樣的玩具，她只對動物有興趣，對ＡＢＣ完全視而不見。而當初兒子只用來畫出ＡＢＣ的沙子、顏料、水彩等，女兒則玩得不亦樂乎，常常玩得滿臉滿手的水彩和沙子。

親子學習樂園

- 每個孩子都有自己獨特的能力和發展的步調，應該予以尊重，順勢引導，不要強迫孩子做他做不到的事，這樣反而傷了孩子的自信心。
- 孩子間不要比較。不要讓一個孩子活在另一個孩子的陰影之下。我從來不以兒子為例去要求或強迫女兒學ＡＢＣ。

爲了培養她對書本的好感，我陪她「看」了許多書，講了許多故事，她對書中的文字毫無興趣，我就和她「細看」各種插畫，欣賞插畫中人物的表情，去揣摩他們的心情和感受。經由這種經驗，女兒可以看圖說故事，不只表達能力極佳，對別人臉上的表情也十分敏銳，雖然大字不識一個，但卻把書當成是最好的朋友。

五歲上幼稚園時，女兒二十六個英文字母都還沒認全，但由於她對書本有深厚的興趣，所以她的英文學習一路順利，而且進步神速。幼稚園一年下來，就已有二年級的閱讀能力，到二年級時，她的老師告訴我：「她的閱讀能力已經超過五年級的程度，我不用再測驗她了。」

現年十四歲的女兒，文字已經成爲她最好的朋友，寫作是她最喜歡的科目之一。舉了兒子和女兒截然不同的例子，是想和大家分享幾個觀念：

• 每個孩子都有自己獨特的能力和發展的步調，應該予以尊重，順勢引導，不要強迫孩子做他做不到的事，這樣反而傷了孩子的自信心。

• 孩子間不要比較。不要讓一個孩子活在另一個孩子的陰影之下。我從來不以兒子爲例去要求或強迫女兒學ABC。

• 研究指出，不論是三歲學會讀書，或是五歲學會讀書，孩子到了三、四年級時，閱讀能力都差距不大，唯一有差異的是「喜不喜歡讀書」，也就對書本的喜好，這才是日後決定閱讀能力好壞的重要關鍵。所以父母應培養孩子對書本的好感，而不要太強求孩子應幾歲開始認字。

做功課的快樂原則

很多父母不喜歡陪孩子做功課，視之爲苦差事；有些父母則是興致勃勃地陪孩子做功課，卻因爲過度糾正，或是孩子怎麼都教不會，於是忍不住動氣發火，甚至責罵孩子，弄得最後不歡而散。

古時候有所謂的「易子而教」，其實是有道理的。因爲面對自己的孩子時，往往會有一種「望子成龍，望女成鳳」、「恨鐵不成鋼」的期待心理，因此父母常不能保持理性而心平氣和的態度。

如果每一次陪孩子做功課，都是氣急敗壞地結束，長期下來，不僅破壞親子關係，孩子也會失去信心，對做功課和學習的動機，自然會愈來愈少。

一定要快樂的結束

陪孩子學習的時候，一定要把握快樂原則。假使過程中不小心發脾氣，也一定要快樂的結束。千萬不要在盛怒之下離開，好像你放棄了孩子一樣，這樣孩子會覺得自己是沒有能力學習，無可救藥的。

舉個例子，教孩子做數學，孩子同樣的問題一錯再錯，你忍不住罵了孩子一頓，孩子開始大哭。在這種情形時，應該自己先冷靜下來，找幾題孩子以前會做的題目讓他練習一下，全部都做對了，就誇他做得很好，高高興興的結束這一段做功課的時間。你可以隔天再教孩子一次，如果孩子還是教不

親子學習樂園

在孩子的學習過程中，若想讓他有很強烈的學習動機，那就要在孩子犯錯時，提供機會讓他自己去改正錯誤。一般而言，父母在孩子犯錯時，直覺反應就是去糾正，馬上提供答案。答案是由孩子自己找出來的，還是由父母直接給的，對孩子的學習態度會有不一樣的影響。

會，此時就要檢討你教授的方法是不是需要修正，但每次仍然要堅持快樂原則。

我們常說，在孩子成長過程，父母要積極參與。但積極參與，並不只是每天跟在孩子後面，問他功課做完了沒？而是分享孩子學習的東西，和他們討論，讓他們體會學習的內容是有趣，有意義的。

有些父母雖然很注重孩子的功課，但對孩子學習的內容卻沒有興趣，或是因爲其他因素，動不動就對孩子說：「我聽不懂，不要和我講這個！」久而久之，孩子就不再和你分享他的學習。

很多媽媽陪孩子做功課，看孩子寫字不工整，就會一邊唸，一邊幫他擦掉。這情況最好避免。因爲在擦的過程中，你可能也擦掉了孩子的信心。在二、三年級之前，孩子小肌肉的發育還不健全，握筆不穩，字也寫得歪七扭八。因爲發展上的限制，如果過分要求，不僅沒有幫助，只徒增孩子的挫折感，讓孩子覺得「我就是沒辦法把字寫整齊」。一般來說，最好等到七、八歲之後，再要求工整，孩子比較有能力做到。

把字寫反，雖然不常見於七歲以下的孩子，但還是可能會發生。事實上，孩子長大了，這個現象自然會消失的。我們很少看到成年人把數字寫反的，所以不用擔心，不要把這個現象看得那麼嚴重，把你自己的焦慮加諸在孩子的身上，打擊孩子自信心。

讓孩子自己找出正確答案

女兒五歲時，喜歡在她的圖畫後面標上日期，有時候她會問我：「媽媽，今天是幾號？」我從不直接回答，而是說：「昨天是八號，你想今天是幾號？」或「明天是十號，你想今天是幾號？」若要更有挑戰性，我就會說：「大前天是六號，你想今天是幾號？」女兒在這種刺激下，不但自己會去推算日期，也澄清了前天、大前天、後天、大後天等的觀念。

不要急著給孩子正確的答案，留給孩子一些思考空間，同時訓練孩子自己找答案。

在孩子的學習過程中，若想讓他有很強烈的學習動機，那就要在孩子犯錯的時候，提供機會讓他自己去改正錯誤。一般而言，父母在孩子犯錯時，直覺反應就是去糾正；在孩子有問題時，馬上提供答案。不管是更正或解答，答案是由孩子自己找出來的，還是由父母或老師直接給的，對孩子的學習態度會有不一樣的影響。

女兒二年級的時候學減法，當我看到十減八等於三的時候，我會問她十減七等於多少？如果她回答說三，我就會問她：十減八等於三，十減七也是三，到底哪一個才是對的呢？女兒就會把十減八再做一遍，一看答案是二，就會很不好意思的說：「媽，十減八等於二，我做錯了，我下次會小心。」

十題錯了五題，也要告訴他很不錯，可以對五題。讓孩子自己去改正自己犯錯的過程，會讓孩子覺得自己是有能力可以學習的人，進一步去認知犯錯是學習的必經過程，不必因爲犯錯而喪失自信。

瑞士兒童心理學家皮亞傑曾說：每一個孩子天生都有主動學習、思考的能力。我們如能多給予機會，孩子就可以繼續保有那一顆活潑的心。直接給予答案的結果，往往會讓孩子變成被動學習者，碰到問題，只有兩手一攤，求助於大人。

重複犯錯沒關係

在孩子犯錯時，我們可以跟孩子一起討論，找出其他可行方法，以避免孩子犯相同的錯誤。但不要忘了，孩子終歸是孩子，受限於他們目前的智力和理解力，還是可能犯相同的錯誤，父母要能接受這種情形。

學習上一再出現相同的錯誤，通常有兩種可能：一是孩子目前的認知發展階段沒辦法突破。這種情形，父母暫時不要勉強孩子一試再試，這會讓孩子和你都有很大的挫折感。父母可以做的是陪孩子複習一些能勝任的問題，再慢慢找出哪兒卡住了。另一個可能是大人講解的方式，孩子沒辦法領會，許多對大人來說是連想都不用想的簡單道理，卻是孩子的大難題。

我有位朋友回憶她二年級做減法時，一直不懂由「十位數借位」的意思，考試錯了，回家就挨罵，媽媽教她時，一直說：「個位數這兒不夠，就向隔壁借1，就是借1啊！」這位朋友說：「我實在不懂，後來只好用背的。印象中，一直到六年級了，才弄懂借位的意思。但是現在一想到數學，媽媽那『借1！』的聲音依稀在耳邊，以致我對數學一直沒什麼好感，也沒有信心。」

每一個學習的困境，對孩子來說，都是他突破自己，前進到下一個智力或心理層次的重要時刻。所以，孩子一再犯錯時，先別急著責怪他，父母可以先靜下心檢討一下自己的表達是不是不夠清楚，是不是符合孩子目前的能力，然後換個方法再試試看。

在遊戲中學中文

兒子出生後，我一直和他說三種語言，英、台、國語三種交錯。台語和中文都是說完整的句子，而英文開始時只限於單字，到一歲多以後，也改成完整的句子。

到了快兩歲時，兒子開口說話，三種語言都有，似乎對哪一個事物，哪一種語言的音他較易發出，他就用那種語言表達。

而他兩歲多時，有段時間我會在Ａ４紙上，用毛筆一張寫一個中文字，讓他一天認一個字。他會認，也記得，但興趣缺缺。因他那一陣滿腦子都是ＡＢＣ，所以試了一星期，我決定再等一段時間。

在孩子成長過程中，有一個原則我一直深信不疑，也努力遵守，那就是學習的過程，遠比學習的成果更重要；如何引發孩子對事物的興趣，保有他原有的主動性和好奇心才是關鍵。在孩子還沒發現中文字和他生活的經驗是可以聯結在一起之前，我不想勉強他認字。

靜待認字的時機到來

這一等就是一年半。這期間，我努力做的是依舊講中文故事，或者讀我寫給先生的傳眞，因爲傳眞中描述的是兒子說或做的一些趣事，他聽了很高興，也想知道寫在哪裡。就這樣，口語與文字相互對應，逐漸有了文字的概念。

到三歲多時，我們一起看中文書，他開始會要求我逐字唸故事給他聽。同一故事唸了幾遍，有些字他自然認得，我才確定時機成熟，開始教他認字，到後來，認字成了我們最快樂的時光。

以下是一些做法，可供大家參考：

- 要認哪個中文字，讓孩子決定。準備了白紙問孩子，你現在想知道那一個中文字，不管他說什麼，我就寫，因爲字是他想認的，所以記得很快。
- 讓孩子領會中文字的奧妙與樂趣。如孩子會了二，再加一筆成三，再加一豎成王，把三放倒了成川；把二加一豎，可以是土，也可以是工。孩子學會了大，再加個點，變成太，或加一橫，成天。我的孩子對這種玩法常驚奇地張大眼睛，很興奮，不一會兒就認了很多字。
- 自製中文字記憶遊戲，這個靈感來自孩子一直要我陪他玩記憶遊戲。找厚紙板切用成三英寸乘三英寸大，每一字拆開寫成兩張，一天拿出

親子學習樂園

在孩子成長過程中，有一個原則我一直深信不疑，也努力遵守，那就是學習的過程，遠比學習的成果更重要，如何引發孩子對事物的興趣，保有他原有的主動性和好奇心才是關鍵。在孩子還沒發現中文字和他生活的經驗是可以聯結在一起之前，我不想勉強他認字。

十張卡片（五組字）來玩。玩的規則是，字卡翻開來時，即使配對成功，如果唸不出，還是不算數。因爲字是他要求寫下的，百分之八十他是贏家，他除了興致高昂外，認字的效率也很好。

- 釣魚遊戲。把字卡疊成一疊，每人輪流，一次翻一張，配成對者可以繼續翻字卡，規則也是要把字唸出來才算數。當然，頭一兩次孩子不能記得很清楚，可以幫忙一下，不必太認眞。
- 把學過的字拿出來玩造詞遊戲，可以每人發一些字卡，輪流出一張，試著拼成一些詞句。可以允許孩子造些怪異的，如大紅，小藍鼻馬。遊戲的目的是培養孩子對中文的興趣，不是在培養中國文學家，不要太嚴格。
- 鼓勵孩子說故事，把它寫下，再讀給孩子聽。這麼做有雙重效果，除了引發他學字的動機，也鼓勵他發揮想像力和訓練表達能力。
- 若要鼓勵孩子寫字，可以用大張的紙，任由孩子去寫。我的孩子最喜歡拿粉筆在車庫前的水泥地上寫字，每次都寫得不亦樂乎。

另外，在教中文字時，小孩有時會不專心，或會忘掉一些字，若因此產生一些不愉快，請把握「快樂原則」，就是結束前，要把氣氛變愉快，找些簡單的字讓他認，再誇獎他一下，在快樂的氣氛下結束。

粗心大意怎麼辦？

我從小一到小六，成績單上面的評語一直都有「粗心大意」四個字。我的成績也沒有不好，只是很少拿滿分，總是會錯一、兩個小地方。幸運的是，我的父母從來不會因爲我沒拿滿分責怪我，也從來沒有說我粗心。所以雖然這個評語跟了我六年，我的自信心並沒有被打擊。不過，我也因此知道自己不是那種很細心的人，所以也就不敢去選那種需要很細心的工作，譬如會計或銀行的工作人員等。

很多父母也都會爲了孩子粗心的問題傷腦筋，尤其是五歲到九歲間的孩子。大概是因爲孩子在這個時期學習正在起步，犯的錯較多，父母也特別在意，擔心這個時候的犯錯會影響日後的學習。

先鼓勵，再訂正

女兒在小學一、二年級的時候，也常常出現數學加減符號看錯，英文拼音多一個字少一個字等等錯誤，當然要說她是粗心也可以。但爲了不打擊孩子的自信心，我讓她看到自己的錯誤：數學題目，十題錯了五題，我會先誇她：「很不錯啦，對了五題。」然後請她看看錯了的那五題，能不能自己先訂正。有時她看了看，發現原來是因爲看錯了符號，自己都覺得很不好意思。我會對她說：「對於錯誤的地方，媽媽想先了解你是觀念不會，還是看錯。如果是觀念不會，媽媽可以教你。但如果是看錯，這就需要你自己幫自

親子學習樂園

粗心有些是個性，這樣的孩子在學校裡考試就比較吃虧。因為考試是不容許犯錯的，一個小錯扣一分，成績很現實。父母首先要做的，不是去改變它而是去接受它，這樣就不會打擊到孩子的自尊和自信心。我們仍然可以鼓勵他小心，但孩子沒辦法完全做到的時候要包容。

己了。媽媽相信你做得到。」然後我還會補充一句：「你會的東西，因爲看錯所以做錯了，讓別人誤以爲你不會，實在太可惜了。」女兒聽了通常就會說：「媽媽，我知道了，我下次會小心。」

下一次，她會不會再看錯？如果會，那怎麼辦？重複上面描述的過程：先弄清楚孩子的錯誤是不會，還是不小心造成的；讓他自己修正錯誤，並且鼓勵孩子，他是可以小心的。

隨著女兒日漸長大，加上自己知道要多小心，她這種粗心的情形愈來愈少。她有天回來跟我說：「今天發數學考卷，結果我錯了一題，我一看是自己粗心犯的錯。不過媽媽你知道嗎？我檢查了兩遍，但是那個錯誤一直沒有看到。我在想，有時候自己犯的錯誤，因爲不知道它是錯的，所以即使看了好幾遍，好像還是找不出來。」我跟她說：「沒關係，當你以爲你是對的時，的確是多看幾遍也找不出錯來，這種情形我完全了解。」女兒聽了，就保證下次會更小心。

粗心有時是天生的

其實，粗心的情形就是這樣子，有些是個性，天生就是不夠細膩，這樣的孩子在學校裡考試就比較吃虧。因爲考試是不容許犯錯的，一個小錯扣一分，成績很現實。不過身爲父母的我們，了解孩子有這樣的個性，首先要做的，不是去改變它而是去接受它。接受，並不是放棄，而是因爲你的接受，就不會打擊到孩子的自尊和自信心。我們仍然可以鼓勵他小心，但孩子沒辦法完全做到的時候要包容。等孩子長大唸大學，考慮未來工作的時候，可以建議他找不需要太細膩個性的工作。

粗心，從另一角度來看，其實是孩子智力發展的一個過程，因爲他還沒有辦法面面俱到。也就是說，他們的注意力在某一段時間內只能專注在一個層面。所以，專心在寫國字的時候，注音符號就會弄錯；注音對了，國字就會少了一點或一撇。這種情形，通常隨著年紀長大，心智成熟，就會愈來愈改善。父母可以做的是鼓勵他小心，然後耐心地等他長大。

不是媽媽要我學的！

兒子五歲時，有天練完琴，很高興地跑來對我說：「媽媽，我今天把每首曲子都練了十遍，你高不高興？」（他平常只須練五遍）

爲了要讓孩子認知到，他們成長過程中的學習和努力都是爲自己，我回答他：「媽媽很高興，可是我是替你高興。我相信你彈了十遍比彈五遍進步更多，你爲增進自己的鋼琴技巧多練習，我眞的替你高興！」

自己要學小提琴

兒子三年級時，看了「屋頂上的提琴手」這部電影，聽到配樂裡的小提琴，他說：「這音樂好好聽！」

我順口回答說：「那是小提琴，你如果去學，以後也可以拉這麼好聽的曲子。」

他一聽就說：「我要學。」

我回答說：「有兩個考慮。小提琴和鋼琴一樣，都要花很多時間練習，你要繼續學鋼琴嗎？如果又加上小提琴，功課又加重，你願意接受嗎？還有，明年四年級，學校音樂課可選修樂器，明年再學小提琴也不遲，你覺得如何？」

兒子只回答一句：「我等不及了，我會練習的。」

他也果眞乖乖練。有一天，門口來了兩位傳教的年輕人，敲門時兒子正在練鋼琴，其中一位稱讚他琴彈得很好。兒子竟然回答：「我鋼琴和小提琴

親子學習樂園

有些孩子喜歡接受挑戰，參加比賽不會影響他對音樂的喜好，得獎了更能增加信心和動機。但也有孩子在比賽的壓力下，會失去對音樂的興趣。這個論點適用於其他才藝。孩子要不要參賽，是他的決定，父母可以扮演鼓勵的角色，並細心去體會孩子能承受多少壓力。

都會，是我自己喜歡自己要學的，不是媽媽要我學的。」對方回答說：「Good for you!」

我也不知道兒子爲什麼會冒出這麼一句話，也許他自己也很驕傲可以選擇做自己喜歡做的事情，那種可以掌握自己生命的感覺，對一個孩子是很重要的！

哪有人練琴不比賽？

有一次兒子和他的同學聊天，這位同學琴彈得很好，彈的曲子也比兒子難多了。這位同學突然說：「我恨透彈琴了！」

兒子很訝異地說：「你彈得很好啊！」

「我媽媽逼我去參加各種比賽。」他同學反問：「你參加過幾次？」

「一次都沒有。」

「那你爲什麼要彈琴？」

「因爲我喜歡啊！」

「怎麼可能！我才不相信，怎麼有人會喜歡彈琴？哪有人練琴卻不去參加比賽?!」

兒子很爲這位同學難過，因爲他雖然琴彈得那麼好，但卻從來沒有體會到彈琴的樂趣。

我相信有些孩子喜歡接受挑戰，參加比賽不會影響他對音樂的喜好，得獎了更能增加學琴的信心和動機。但也有孩子在比賽的壓力下，會失去對音樂的興趣。這個論點適用於其他才藝。孩子要不要參賽，是他的決定，父母可以扮演鼓勵的角色，並細心去體會孩子能承受多少壓力，以及如何舒壓。但最重要的是讓孩子對參賽有正確的認識。

曾有位家長問到：「我的孩子去年參加畫畫比賽，得了第一名，但今年怎麼說孩子都不肯報名，怎麼會這樣？」

「他一定擔心今年不一定可以拿第一。」

「對！對！他就是說：『萬一沒拿第一很丟臉』怎麼辦？」

得獎是好事，可以當成追求的目標，但同時應讓孩子了解：參賽是認清自己能力在哪一個層次，同時向他人觀摩學習的好機會。比賽一定有輸有贏，重要的是過程中的努力與付出。協助孩子從報名到比賽這段時間規劃如何準備，鼓勵孩子全力以赴。

比賽得獎，替他高興；不得獎，允許他傷心難過。不管輸贏，最終要引導孩子去了解美國球隊教練最喜歡鼓舞孩子的名言：「輸贏是其次，重要的是你怎麼打這場球。」

陪孩子一起看電視

對大多數家庭而言，電視是孩子成長過程中不能避免的一項科技產物。既然不可避免，父母就要學習善用它。現在坊間的錄影帶種類非常多，爲孩子選擇適合的節目就是父母重要的職責。

美國著名的兒童節目「芝麻街」，號稱以教育性爲宗旨，據說短短一小時的節目成本達美金百萬元以上。可是，有些學者研究指出，芝麻街對幼兒的大腦發展是弊多於利的。因爲在短短一小時之內，塞入太多資訊，而且有些對幼兒並不恰當，結果是在逼迫孩子的大腦處理一些超越他目前發展階段的事。長期下來，對孩子的大腦發育有不好的影響。

另外，節目裡頭常常有一些閃爍的鏡頭，或是一些布偶配上搖滾音樂又唱又跳，來吸引孩子的注意力。長此以往，會讓孩子日後在比較安靜的學習環境裡，產生沒有辦法集中注意力的現象。最近幾年，美國發現學齡兒童裡，無法集中注意力的孩子的比例，有逐年增加的趨勢。很多人認爲，刺激過多的電視節目和廣告可能是導致這種現象的原因之一。

以內容而言，要考慮孩子當前的心智發展。對五歲以下的孩子，應該選擇內容簡單、步調緩慢的節目。例如，信誼基金會出了一套「國際視聽之旅」的錄影帶，是美國一些兒童故事書改編成的動畫錄影帶，內容的表達溫和，步調也較慢，加上故事本身也很有趣，算是比較適合幼兒看的影帶。

負面反應不一定馬上出現

讓孩子看電視，建議用錄影帶的方式，會比讓孩子看電視台直接放映出來的節目好。如果不是影帶，可以把節目錄下來。好處之一是可以刪除廣告，避免孩子養成「買！買！買！」的消費惡習。另一個好處是，孩子有時候看到一個節目，會想要重複地看，這是幼兒學習上一個很重要的過程，因爲他們就是需要靠不斷的重複，來加深自己對事物的認識和了解。

電視螢幕出現的鏡頭，有時對大人很稀鬆平常，但對於孩子卻不適合，可能會讓他們產生一些負面的情緒，譬如焦慮、擔心和害怕等等。這些情緒不一定會立即發生，可能兩三天之後才出現。所以，有些時候爸爸媽媽們會很困惑：沒有發生什麼特別的事情，爲什麼孩子最近晚上常常起來大哭，或是即使白天情緒也非常不穩定，比較容易發脾氣或動不動就哭。這些行爲很有可能和他最近看電視時的某些鏡頭有關。

兒子四歲的時候，有一次我們一起看了一部卡通電影。電影內容描述一輛載有化學氣體的卡車翻倒了，毒氣瀰漫到鄰近的森林裡，林中有一隻小鼬鼠因爲吸到毒氣而昏迷，有兩隻勇敢的小動物千辛萬苦地去找了一株靈草，救回了小鼬鼠。整個故事的主題包含了汙染問題，還有寶貴的友情，最後以

親子學習樂園

陪孩子看電視時，我們會一起笑、一起哭，有時會對劇情做一些評論，我也趁機把一些價值觀在適當的時機提出來，讓他們有思考的機會。譬如，我們如果看到暴力的鏡頭，我們會討論暴力是不是一個很好的解決問題的方法，什麼樣的人和什麼樣的心理會喜歡使用暴力？

喜劇收場。兒子在看電影的時候很開心，尤其是最後小鼬鼠醒過來的時候。

可是當天晚上，兒子躺在床上翻來翻去，怎麼樣也睡不著。我問他爲什麼，他跟我說：「媽媽，好可怕！」

我說：「什麼事情好可怕？」

「電影裡頭的小鼬鼠，一開始很高興，突然間就倒在地上不動了，好可怕！」

「可是最後他被救活了，醒過來啦。」

「我知道啊，可是還是覺得很可怕。」

「你覺得很可怕，是不是在擔心自己也會像他一樣，突然間倒下去一動也不動？」兒子點點頭。我這才知道他在擔心什麼。

爲了安他的心，我告訴他生病有很多原因，我告訴他血液裡有白血球，是身體的警察伯伯，會幫忙消滅體內細菌，保護每個人。我們也同時討論了一些可以讓身體健康的事，譬如吃營養的食物、常常洗手、多多運動等等。討論完了，兒子的心也安了，很快就睡著了。

這個經驗讓我深深體會到，有些對大人而言不覺得有問題的故事或畫面，卻會讓孩子產生困惑、擔憂或害怕。幸好兒子把他的想法講出來了，我才有機會幫他解惑，如果孩子不能或不習慣表達他們心中想法時，父母想幫都很難。

把電視變成親子溝通的工具

要避免這種情形，最好的辦法是陪孩子看電視，把電視當成是親子溝通的橋樑和工具，而不是你忙碌時幫你照顧孩子的保姆。

我自己的做法是，買或借回來的錄影帶，一定自己先看過一遍，確定沒有不當的鏡頭和內容，才讓孩子看。孩子第一次看錄影帶的時候，一定陪在一旁，邊看邊觀察孩子的反應，也認眞的聽孩子在看錄影帶時說了些什麼話。如果孩子有負面的反應，我就會把錄影機暫停，跟孩子討論剛剛看到的畫面，並且加以說明。這樣子孩子就可以免去不必要的憂慮和害怕。

陪孩子看電視時，我們會一起笑、一起哭。有時會對劇情做一些評論，對人物的性格、解決事情的方法等做一番討論。我也趁機把一些倫理道德和價值觀念在適當的時機提出來，讓他們有比較、思考的機會。譬如，我們如果看到暴力的鏡頭，我們會討論暴力是不是一個很好的解決問題的方法，什麼樣的人和什麼樣的心理會喜歡使用暴力？使用暴力的結果又是什麼呢？

兒子三年級時，在朋友家看了「神奇寶貝」（Pokemon）後，有一陣子很著迷，我就陪著他們看。有一集我記得是講主角小志很容易衝動、發火。事後我們就討論，爲什麼碰到一件事，要用這種方式處理？有沒有其他選擇？還有一集是皮卡丘在野地裡碰到同類，可以用自己的語言溝通，非常快樂。小志爲了讓皮卡丘快樂，決定讓它留下來，但後來皮卡丘自己決定要跟小志走。我和女兒爲小志的不捨掙扎到決定成全，感動到哭了。事後我們就討論什麼是愛？怎麼樣才是眞正愛一個人？得到的結論是：眞愛是以對方的幸福爲考量，必要時是要放手、成全的。

有次聽到一位美國太太談到，她一直堅持不讓孩子看電視。孩子八年級了，開始抗議沒辦法和同學溝通，先生也支持孩子看電視，讓她十分爲難。不看電視，就會和同學沒話說，我並不完全同意。不過e世代的孩子想要完全和電視隔絕眞的不是件容易的事。既然不能避免，不如好好善用它。而電視對你的孩子的影響是好是壞，用點心，父母是可以掌握的！

兒子剛滿一歲，很難補捉到天空的飛機的影像。讓他的視線隨著我的手指慢慢的往上，終於看到了！價值觀的培養就像這樣，父母要一步一步的引導，終會成為孩子的相信系統。

把食物吃光光，不浪費碗裡的食物，兒子很有成就感。

5 正確的價值觀，讓孩子受用一生

孩子有很大的可塑性。小學階段，孩子開始萌發抽象思考的能力，
父母可以開始用各種方法，介紹一些價值觀。
父母可以講故事給孩子聽，因為故事是最容易打動人的，會讓人產生認同感；
或是利用生活中的事件，和孩子討論，
幫他們釐清一些想法，讓他們在未來青春期面對諸多誘惑時，
可以有較強的免疫力。
價值觀需要內化的過程，慢慢才能在心底生根發芽。
生活中的耳濡目染，故事中的啓發，
都是人生的價值在孩子的心中播下的第一批種子。

謙虛，聰明孩子的第一課

兒子兩歲會自己讀英文書，四歲讀百科全書，沒有上過一天的托兒所。要上幼稚園時，我帶他去一家私立學校，學校幫他做了檢定，說他應該上三年級。看著兒子小小的個子，再三考慮，我決定不讓他跳級。學校很不理解：「其他華人家長都喜歡孩子跳級，爲什麼你不要？」最後還扔下一句話：「你擋不了的！」

那一年我帶著他和小女兒到各州旅行，參觀了十個州首府。到一年級時，老問題又來了，要去哪裡上學？後來發現我們居住的帕拉圖有一所小學，以孩子全方向發展爲教育取向，鼓勵孩子自己學習，除了學業之外，還強調心理與社會性的發展，與我的理念相似；再加上是混齡，幼稚園和一年級同班，我覺得可能較適合他。

可是開學後，老師拿給他的書，兒子一看就和老師說：「這太簡單，我在家都看百科全書。」後來我告訴他：「你會，別人不會，並不表示你比別人聰明，只是你比別人早學習。教師教的你都會，你可以幫助你的同學。」

於是兒子開始在教室當小助教，有同學不會拼的字問老師，老師就叫他們來問兒子。我還告訴他，同學問你，你不要直接把字母唸出來，你要用拼音的方式教他。從沒學過「字母拼讀法」（phonics）的他，還眞的這樣教同學拼音。所以在那兩年，兒子在學校交了很多好朋友。如果你問他，頭兩年他在學校最喜歡的是什麼，他會說：「下課休息時間。」

就這樣，兒子在學校建立他的好人緣，從來沒有因爲他的天分而高處不勝寒。

親子學習樂園

我更進一步地對兒子說：「你和小明是不一樣的，你們喜歡的事和做得好的事都不一樣。所以不要比誰比較好，而是要能稱讚別人好的地方。」類似的話，我常常一再重複，就是希望避免讓孩子因為自己某樣東西做得比別人好，而覺得驕傲，同時也鼓勵他們去欣賞別人的優點。

心理建設不嫌早

資優生最怕變得傲慢，但其實這是可以事先預防的。像兒子從小在很多方面的表現都超越同年齡的孩子，我很早就開始給他心理建設。三歲時，有一天他問我：「媽媽，我告訴小明，A-P-P-L-E就是apple，他都聽不懂，怎麼會這樣？」我一聽，心想他在這方面超前，是因爲他的興趣，但我不希望他以此爲傲，所以我告訴他：「你會apple是因爲你有機會學到，你喜歡學。小明還沒有學，所以他不會，不可以因爲這樣就以爲你比別人聰明。」兒子點點頭。

有一天去小明家，看到小明用樂高積木堆了一座很漂亮的城堡，我趁機問兒子：「你想你可以排出這樣漂亮的城堡嗎？」

兒子看了，搖搖頭說：「我不會，小明好厲害！」

我告訴他：「你不是不會，你是對樂高沒興趣，很少去玩，所以你不會和小明做得一樣好，但這沒關係，你還是可以試。」

我更進一步地對兒子說：「你和小明是不一樣的，你們喜歡的事和做得好的事都不一樣。如果是讀書，你比小明做得好；如果排樂高，小明比你棒多了，所以我們不要比誰比較好，而是要能稱讚別人好的地方。」

類似的話，我常常一再重複，就是希望避免讓孩子因爲自己某樣東西做得比別人好，而覺得驕傲，同時也鼓勵他們去欣賞別人的優點。也許你覺得孩子那麼小，能懂嗎？做得到嗎？

兒子上小學後，教過他二、三年級，和四、五年級的兩位老師，都異口同聲地對我說：「我教書那麼多年，看過很多聰明的孩子，相信也有比他聰明的孩子，但很少有孩子像他一樣，不但不會因聰明而驕傲，反而喜歡幫忙同學。這眞是非常少見。」

兒子六年級的時候，代表學校參加北加州區域性的數學比賽。他得了個人獎第九名。同校八年級的男生和女生分別得了第二和第三名。兒子除了向他們恭喜之外，我還聽到他安慰沒有得到名次的朋友說：「我也只多答對了一題，其實能代表學校，我們都算是滿厲害，明年再一起加油！」

能夠欣賞別人的優點，進而予以讚美的人，也容易得到別人衷心的欣賞。讓孩子知道人和人的關係不只是競爭性的，而是可以同存共榮，這樣孩子可以培養寬大的心胸，日後也會有良好的人際關係。

有些孩子到了青春期，會有些轉變，不免想以自己的優點去壓制別人以凸顯自我，但兒子似乎沒什麼改變。到了高二，帶他兩年半的樂團指揮有次碰到我，對兒子稱讚了一番，他特別強調：「他很有才華，最可貴的是，他從來都不會以此來壓制別人。」我聽了十分欣慰。三歲撒下種子，一點都不嫌早！

兩毛五就換到一個祝福

我常刻意地去培養孩子的慈悲心，讓他們能設身處地，以一顆柔軟的心感受別人的痛苦和需要。我不只希望他們能樂於助人，也希望他們能不怕向人求助，讓別人也有助人的機會。

有時我和兒子去超市買東西，在門口會碰到無家可歸的流浪漢，那時兒子三歲，看到他們的模樣有時會害怕。我就向他簡單解釋，流浪漢不見得是壞人，變成流浪漢的原因很多，但我相信沒有人願意變成這樣，我們應給予一點小援助。後來每次經過，我就請兒子投一個兩毛五的銅板在流浪漢前面的小鐵罐中，但他因爲害怕，每次一丟完拔腿就跑。

幾次下來，我就告訴他，幫助別人，不要讓人覺得你在嫌惡他，你應該在投下錢的同時，跟他說：「祝你有愉快的一天！」他照著做，結果每次流浪漢都跟他說：「上帝祝福你！」我告訴他：「你看，你用兩毛五就換來一個祝福，你才是最大的受益者呢！」

助人需有智慧

有一次他跑去投錢，又馬上跑回來說：「我不要給他，他在抽菸。我給他錢，他會去買菸，是在害他，我不要給他。」我聽了覺得有道理，贊同他的決定。

有些價值觀，要慢慢灌輸給孩子。隨著孩子年齡漸長，討論的深度也不同。

孩子的小學每週二下課時會有一市集，賣學校小農場生產的雞蛋、青菜，還有家長捐出的餅乾、檸檬汁、小蛋糕等，每一樣東西都只要兩毛五，所有收入都歸農場。每週二攤子前總是擠滿了小朋友，也是兒子和女兒最期待的時刻。

有一次我們排隊時，有一個二年級非洲裔的小女孩過來向我說：「你可不可以給我兩個兩毛五的銅板。」兒子在旁說：「媽媽給！」我想了一下，對小女孩說：「你想要吃什麼，我可以請你吃。」結果她挑了檸檬汁和巧克力餅乾。

回家的路上，我跟兒子解釋我的想法：「那個女孩來自隔壁較貧困的社區，我也知道她沒錢，但我不想讓她有開口要到錢的經驗，如果變成一種習慣就不好了。」然後趁機和他們討論怎麼樣才是眞正在幫助別人。

和孩子討論時，有些父母會迫不及待地丟出答案。其實最好不要先給答案，要反問孩子，讓他自己想，比如「怎麼樣才叫幫助別人？」、「如何幫助別人？」、「會不會你以爲是在助人但其實是害人？」譬如，同學問問題，把答案直接告訴他是幫他嗎？然後讓孩子了解，幫助別人也需要智慧。

親子學習樂園

我告訴孩子，幫人要及時，在別人需要時，做得到就不要推託。有很多人覺得，要等到自己賺很多錢才可以幫人，我反問他們：「除了錢以外，是不是有別的方法助人？」孩子們紛紛想出不同的點子：教同學功課、安慰傷心的朋友等等，結論是：「哇！有很多方式可以幫人！」

幫人需及時

很多中國歷史小故事很有啟發性，我也常因勢利導，在適當的時機配合適當的主題，講給他們聽。

有一次，我和孩子講莊子的故事。莊子很窮，有一天到有錢人家借米。有錢人不想借，卻推說：「等我收成好時，我可以裝好一大擔一大擔用牛車載過去給你。」莊子知道他故意推托，於是回答：「我剛才在來的路上碰到一條魚，牠說：『請給我一杯水，我快渴死了』。我回答說：『你等我，我去把東海的水引來給你。』可是魚回答說：『那你就到魚市場上賣魚乾的地方找我吧！』」

我告訴孩子，幫人要及時，在別人需要時，做得到就不要推託。有很多人覺得，要等到自己賺很多錢才可以幫人，我反問他們：「除了錢以外，是不是可以有別的方法助人？」孩子們紛紛想出不同的點子：教同學功課、安慰傷心的朋友，幫同學撿掉在地上的東西，甚至跟老師說謝謝，讓老師開心，都在行善的範圍之內，結論是：「哇！有很多方式可以幫人！」

爲善不一定要人知

兒子六歲時，有天吃晚飯時，突然說：「媽媽，救人就跟救自己一樣，對不對？」

「可以這麼說，你怎麼會有這個想法？」

「因爲好心有好報啊！」

我趁機問他：「如果今天你和妹妹一起救人，你出力比較多，但不知爲什麼大家以爲是妹妹的功勞，只謝謝她，你會不會很懊惱？」

兒子不加思索地說：「不會啊！自己知道就好了。」

我由衷佩服。世界上爲善不欲人知的善心人士，大概都秉持著「自己知道就好了」的同樣理念吧！

十年後，有天晚餐時，我們又有類似的對話。我說：「有位朋友因爲公司同事把她做的事拿去邀功，心情很沮喪。被別人把功勞搶走一定很難受。職場上的競爭有時還是挺不公平的。」

兒子答稱：「我未來以研究藥物救人爲目標。如果有人用了我的主意做出了藥，可以救很多人，不提我的名字，我也不在乎。反正目的是救人，誰做出來都好，不是嗎？」

「媽媽同意也佩服你的心胸。希望你能一直保有這分想法。」這是我的回答，也是我衷心的祝福。

誠實，就從兩把蔥開始

有一次到超市買菜，爲了節省塑膠袋，我把兩把蔥放在同一個袋子裡，結果結帳時店員只算了一把蔥的錢。走出超市後，我一看少算了，就牽著一雙兒女回店補付差額。兒子那時約五歲，女兒只有三歲。

事後我對他們說：「雖然錢不多，但對老闆也是損失，更重要的是誠實，因爲貪一塊錢，把自己的誠實賠掉，那才划不來呢！」

兒了反問：「是店員弄錯了，又不是我們故意騙他們的，不是我們不誠實啊！」

我說：「別人弄錯了，我們不幫忙糾正，而讓他們損失，那叫占便宜，也是一種不誠實。」

類似的情形有很多次，我每次都帶著孩子去補款。拖著兩個小小孩看起來很麻煩，但正因爲帶著他們，我更覺得是對孩子最好的教育機會。

對三歲、五歲的孩子而言，誠實是很抽象的觀念。我並不期望他們能立刻理解，只想讓他們有個初步的概念。

十年結果

前一陣子，帶著十三歲的女兒去買文具。我拿了一疊三百張的索引卡，架上的標價是六塊九毛九。我們一共買了三樣東西，結帳時卻只要四塊八毛五。我們告訴店員不可能這麼便宜，請她重新算一遍，結果還是一樣，而那套索引卡只要五毛錢。店員說：「電腦打出來的就是這麼多錢，不會錯的。」

回到車上，我跟女兒開玩笑說：「只要五毛錢，這麼便宜，我們再回店裡多買一些。」女兒立刻回答：「媽媽，我相信他們是弄錯了！他們會虧錢的，我們已經占了一次便宜，不該再占他們更多便宜。」我聽了很感動，覺得她很有公平的概念。更好玩的是，女兒還反將了我一軍：「媽媽，我才不相信你會那麼做，這算什麼教育啊?!」

這讓我想到那些牽著他們去補付帳的往事，我很高興當初不嫌麻煩，教他們誠實的概念，眞是當年播種，十年後結出果實。

對自己誠實

我不僅希望孩子對別人誠實，也希望孩子在別人不知道的情況下，對自己誠實。

女兒八年級時，有次打電話給我，說學校老師發給她一件襯衫，凡是今年拿到三個獎的人都可以得到，但她只拿到兩個獎。「媽媽，其實我滿想要

親子學習樂園

在沒有人會查的情況下，兒子能做這樣的決定，不會因為可以多拿錢而多報工作時數，誠實面對自己的良心，我為他喝采。不管日後是否會唸名校，也不管是否會飛黃騰達，兒子女人兩人在道德和是非標準上可以精準拿捏，知道自己在做什麼，是我最驕傲的事情。

有這件襯衫的，但我覺得並沒有拿到三個獎，拿了襯衫好像不太好吧，我該怎麼辦？」

我還是把問題丟回給她自己：「你覺得怎麼做是對的，就怎麼做。」

「我還是去跟學校講，這樣我也覺得怪怪的。」她的考量是：如果今年眞的要三個獎才可以拿襯衫，我利用別人的錯誤得到的衣服，穿了也不見得很快樂，反倒是在提醒自己做了件騙人的事情。

放學去接她時，她說學校承辦人員告訴她，三年累積下來，超過三個獎的人都有，她很高興地把襯衫拿回來。女兒在這種很想擁有，但又想誠實面對的情況，選擇誠實面對自己，我很爲她高興。

二〇〇五年，兒子到爸爸上班的公司打工。去的第一天，會計處要他塡寫本週工作時數，他問主管該怎麼塡。主管說：「一週上五天，一天八個小時，就塡四十個小時吧。」可是他回到家，愈想愈不對：我九點去，三點就回來，並沒有工作八個小時，整整多報了十個小時。兒子不知道怎麼去改，只好在下個禮拜時自動把本週的十小時扣掉，只報了二十個鐘頭。在沒有人會查的情況下，他能做這樣的決定，不會因爲可以多拿錢而多報工作時數，誠實面對自己的良心，我爲他喝采。

不管日後是否會唸名校，也不管是否會飛黃騰達，他們兩人在道德和是非標準上可以清楚拿捏，知道自己在做什麼，是我最驕傲的事情。

貓頭鷹的故事

現代社會強調消費，廣告無孔不入，加上「消費可以促進經濟繁榮」的迷思，很多人淪爲物質的奴隸。爲了防止孩子掉入藉由物質取得快樂的陷阱，我很留意他們的金錢觀。

兒子六歲時，有次帶他去玩具反斗城買禮物給妹妹。我挑中了一台娃娃車，兒子在櫃台邊看中了一個發條小玩具，要兩塊錢，算是自己給妹妹的禮物。我不贊成。「這個玩具買回家玩半小時，她就沒興趣了。」

兒子說：「可是只要兩塊錢！」

我回答說：「不是錢多少的問題。媽媽花幾百塊錢買了百科全書，你讀得很高興，雖然花了很多錢，但很值得。但兩塊雖然是小錢，買了沒有用的東西，就是浪費。不要以爲小錢就可以浪費。」

我要他再想一想，有什麼東西是妹妹可以玩很久的，貴一點也沒有關係。後來我們挑了一組可以剪出各種花邊的剪刀（九塊九毛五）。

很多美國家庭生日和聖誕節都會給孩子禮物。我的想法不同。從小我就告訴他們，需要時買經濟效用最大，不用等到節日，而到了特別節日，沒有什麼特別需要的東西，也不一定要有禮物。重點是需要時就買，而且要買真正需要、有用的，而不是看了想要的。

知足

不要孩子亂花錢另一做法是讓孩子知足，讓他們知道自己擁有的已經很

親子學習樂園

父母給零用錢時，最大的忌諱就是讓錢變成獎賞、賄賂或處罰的工具。把錢和應該做的事混為一談的結果，會讓孩子對該參與的家事，該負責的功課，養成只有看在錢的分上才做的想法。一旦不需要錢了，做事的動機也就消失了，這應該不會是爸媽們想看到的吧！

多了。

女兒十二歲時，有位阿姨請他們去燃燈助學計劃發表會幫忙。女兒代表一位十四歲的貴州高中生敘述家境，請求助學金（一年美金一百四十元）。女兒當場決定用她的紅包錢「認領」這位大姐姐，她的理由是：「我一直以爲上學是天經地義的事，沒想到有人會因爲沒錢而沒辦法唸書。我覺得我擁有太多了，我要用我自己的錢幫她。」

回家後，女兒動手把一些小時候的玩具和布偶整理出來：「這些東西如果可以帶給其他小朋友快樂，我不應該捨不得。媽媽，請幫我捐出去。」我很驚訝也很高興女兒的體會與轉變，這對每一件東西都有記憶的她，眞是一大突破。

兒子則有他自己的做法。與我合作辦父母成長班的慈善團體「毅寧基金會」，打算捐贈衛生用品給貴州偏遠地區的學童，一份約二塊美金。十三歲的兒子就決定十四歲生日派對不要禮物，請同學把買禮物的錢捐給基金會，並藉機介紹「毅寧」給美國同學。

或許是感恩自己擁有的已夠多了，十五歲生日時他乾脆連派對也不要，請我把辦派對的預算全部捐出去。那年暑假打工，賺了生平第一個一千元，看到紐奧良颶風的災難，他也全額捐到慈濟。我問他：「要不要留一點自己花？」

「不需要！我又不缺什麼。」是他的答覆。

買東西前先三思

大約從兒子十歲，女兒八歲起，我們每次出去度假，兩人都各有十塊美金可以買紀念品。

女兒十一歲那年，我們全家到加拿大班芙國家公園度假。在一家禮品店，女兒看中了一個木刻的貓頭鷹，定價五塊九毛五。女兒很喜歡，我在旁建議：「想清楚再買。如果買回去只是另一個玩偶，看幾天就擺在架子上，雖然只要五塊九毛五，還是浪費。」女兒聽了就「不敢」買，可是心裡念念不忘。我看了，也有些後悔，覺得自己是不是太嚴格了，就對女兒說，「眞想要就買吧！」但接連幾天行程裡，經過了無數的禮品店，有不同的貓頭鷹，就是沒有當初女兒想要的那隻。

回加州以後，有次到朋友家玩，赫然發現桌上擺了那隻女兒想要的貓頭鷹，原來朋友也剛從班芙回來，我連忙請朋友把它收起，免得女兒觸景傷情。過了幾天，女兒又去阿姨家，回來後竟然對我說：「媽媽，阿姨家有那隻貓頭鷹耶！」我心一緊，想說「慘了！」女兒接著說：「媽媽，你是對的。我今天看著那隻貓頭鷹，已沒有我想像中可愛了。如果我買回來，眞的只是把它擺在書櫃裡，又多了一個垃圾罷了。」

她還進一步分析說：「那隻貓頭鷹，可能是因爲禮品店擺設又加上燈光的關係，當時我覺得很可愛。回來和家裡東西放一起，看起來就不怎樣了，幸好沒買！」又補充一句：「如果店裡擺得讓人覺得不可愛，誰買？」

自此以後，每次出去玩，女兒會去欣賞那些可愛的禮品，不再每個都想要。眞的很可愛的，她就用數位相機照下來，回家紀念就夠了。她說她學到了買東西前要三思，想想，再決定値不値得。

零用錢不要和其他事混爲一談

至於什麼時候可以開始給孩子零用錢？其實，只要孩子在學校學會認錢幣，有數字概念就可以了。給零用錢的主要目的，是要訓練孩子認識金錢的價値，針對年紀更大點的孩子，還可以進一步教導他們金錢的管理和使用。像是兒子十四歲時，就曾在雅虎網站裡模擬投資股票幾個月，得出「錢不好賺」這個結論，因爲要花很多時間研究，而且資金也要夠多。算是他給自己上的第一課。

至於零用錢應該給多少才好，每位父母想法可能都不一樣。在美國，因爲商店和住家有點距離，孩子較少有機會自己買東西，小學生一般都是一星期一、二元美金（台幣約三十到六十元）。在台灣有些孩子得自己買早、午餐，到底要給多少才夠，請爸媽們自己算算看，原則是不要給超過太多，以免孩子亂花。

父母給零用錢時，最大的忌諱就是讓錢變成獎賞、賄賂或處罰的工具。譬如，洗碗多給一元（美金）；乖乖練琴一次一元；不幫忙倒垃圾扣一元；

不做功課扣一元等等。因爲這種把錢和應該做的事混爲一談的結果，會讓孩子對該參與的家事，該負責的功課，養成只有看在錢的分上才做的想法。一旦不需要錢了，做事的動機也就消失了，我想這種現象應該不會是爸媽們想看到的吧！

愛地球從小開始

兒子五歲時，有天跟我去健康食品店購物，結算時，店員把兩瓶維他命裝在塑膠袋裡，兒子在旁對她說：「我們不需要袋子。」

店員問他：「你確定嗎？」

兒子回答：「對，我們不需要袋子，我們要拯救地球。」

又有一天，我們到市場買菜，兒子看店員兩、三樣東西就裝一袋，馬上對那位店員說：「你可以一個袋子裡多放幾樣東西，我們不需要這麼多袋子，要救地球。」那位服務員愣了一愣，仍不爲所動，依然裝了好幾袋放在手推車裡，兒子生氣極了。在我多方解釋並答應以後自備購物袋，才平息他的不滿。

更有趣的是，有次帶孩子到狄斯耐樂園玩，兒子一下車，便瞧見旁邊車位上有一只空的汽水罐，他二話不說走過去便撿。爸爸怕他弄髒手，直覺反應就是叫他快丟掉。兒子卻理直氣壯的說：「我要拯救地球。」我連忙過去打圓場，叮嚀兒子在保護地球之餘，也要愛護自己，把手洗乾淨，兒子欣然答應。

眼看兒子丟掉汽水罐後，抬頭望著我的那一抹笑容，我似乎也看到了，那顆在他心中的「環保種子」正在發芽、成長，我眞心的替他感到高興。

不浪費碗裡的食物

感恩和惜福的教育，從不浪費食物開始。兒子三歲多，女兒一歲多起，吃飯時我就告訴他們：「不要浪費，碗裡的東西要吃光。」

吃飯時，碗裡一次不放太多東西，盡量給孩子吃得完的份量。在「吃到飽」餐廳，我通常都提醒孩子，拿他自己覺得吃得完的份量，奈何這年紀，眼睛比胃大，通常都會剩一堆。我的做法是，自己先只拿一半，等著幫孩子吃他們吃不完的，所以每次服務生來收盤子時，我們的盤子都清潔溜溜。等到兒子五歲時，拿菜的份量較精準了，我就不再充當他們的「垃圾桶」。

爲了讓孩子養成不浪費食物的習慣，有段時間每天飯前，我們都要玩一個感謝的遊戲。我會問孩子，餐桌上有這些食物，我們應該要感謝哪些人？從感謝爸爸辛苦賺錢，媽媽辛苦煮飯起，往前推到菜市場老闆和工作人員，運送食物的卡車司機，到農場的農夫，這麼多人的辛勤工作，才能成就餐桌上的一頓飯，感念之餘，應該把碗裡的食物吃完，不浪費那麼多人的辛勞成果。

十年前帶著孩子回台探親時，姐姐和姐夫請我們去吃日本烏龍麵，五歲不到的女兒把一碗麵吃得精光。大家都吃得很飽的時候，老闆又送來甜點，一人一碗紅豆湯，女兒吃了一口，發現自己實在太飽，吃不下，而我好不容

親子學習樂園

在陪孩子成長的歲月中，我做得最多，也最想做的，不是教他們功課。我一直努力在孩子心中播種：感恩的種子、珍惜的種子、包容的種子等。希望他們懂得去愛大自然，去感謝別人的付出，也關懷所有的人，更懂得去珍惜自己擁有的。然後他們再將那些種子播種在兒女心中。

易把自己的吃下去，也幫不上忙。

女兒瞪著那碗紅豆湯，不知如何是好，都快哭了。我跟姐姐和姐夫解釋，從小兩個孩子一定把碗裡的東西吃乾淨，貫徹不浪費的原則，所以她才會那麼在意。姐夫一聽馬上說：「姨丈肚子裡還有空間，我幫妳吃。」女兒如釋重負地站在旁邊，姨丈每吃一口，女兒就說聲謝謝，看得大家都覺得好笑。我姐夫還說：「沒見過這種事，東西送人吃，還拚命說謝謝。」

珍惜的種子，生根發芽

由於從小養成不浪費食物的習慣，他們上小學以後，在學校看到同學營養午餐附帶的水果牛奶，原封不動或甚至吃一口就丟進垃圾桶，都會非常難過。女兒常常把同學不要的優酪乳、牛奶喝掉，有時回家書包裡還會多了四、五包葡萄乾，都是同學丟掉前被她攔截下來的。兒子甚至因此在學校的學生代表會議上要求學校改善這種浪費的行為，但礙於一些健康和衛生的考慮，一直沒有任何改變。我只有勉勵他們，至少我們可以不受同學影響。

在陪孩子成長的歲月中，我做得最多、也最想做的，不是教他們功課。我一直努力在孩子心中播種：感恩的種子、珍惜的種子、包容的種子等。希望他們懂得去愛大自然，去感謝別人的付出，也關懷所有的人，更懂得去珍惜自己擁有的。

有時，我幻想十年、二十年後的兒女，我希望他們除了健康、快樂外，在他們心中的那些種子也都能茁壯、開花、結果，然後再將那些種子播種在他們的兒女心中。在代代相傳的未來，我們會擁有一座意想不到的花園，甚至森林；裡面的花草和樹木都是用愛、感謝、包容、珍惜灌溉而成的。

可不可以吃洋芋片？

台灣有句俗語：「吃飯，皇帝大」，我們的文化裡對吃飯的看重可想而知。每次聽到家有幼兒的媽媽們談到，爲了孩子吃飯弄得母子失和或夫妻反目時，就很感慨。想起小時候，五個兄弟姐妹吃飯時熱鬧哄哄的搶著吃，眞是快樂。現代家庭人口少，只有一個小孩的家庭，更是集三千寵愛於一身，殊不知你殷切關注的眼神，常是孩子吃不下的壓力。我常告訴父母們，孩子不愛吃飯的情況上學以後會好轉（有同伴一起吃，活動量也加大）。青春期更是「可怕」，每天回家第一件事就是「肚子好餓！」漫畫裡更誇張，形容他們可以一次吃掉半個冰箱，所以不要爲現在的吃飯問題擔心。

不過以父母的角色而言，我個人認爲吃飯這件事要在意的應該是：

- 營造一個快樂吃飯的情境，這是親子溝通的好時刻。
- 提供嘗試各種食物和分辨味道的機會，如讓孩子吃蘋果、葡萄、草莓，去感受不同的甜味。

- 教導孩子愛物惜物的觀念，培養不浪費的好習慣。
- 教孩子健康的飲食觀念，了解食物的取捨對身體的影響和重要。

教孩子讀成分表

兒子二年級時，有一次去朋友家玩，打電話回來問我：「可不可以吃洋芋片？」

「你想不想吃？」

親子學習樂園

從小，我告訴兒子女兒：「你吃什麼就會變成什麼！」，強調健康是他們的責任。我告訴他們鹽、色素和人工香料和飽和脂肪對身體的作用和壞處，教他們讀食物的成分表。久而久之，他們就養成先看包裝上成分的習慣，有了判斷食物健康與否的能力。

「想。但你說不健康。」

「你想吃就吃，但吃多少，媽媽知道你自己會拿捏。以後不用再打電話問媽媽了，媽媽相信你的決定。」

從小，我告訴兒子女兒：「你吃什麼就會變成什麼！」強調健康是他們的責任。在家我提供健康食品，但出門在外，得靠自己明智的選擇。

怎麼選健康的食物？我告訴他們鹽、色素和人工香料和飽和脂肪對身體的作用和壞處，教他們讀食物的成分表。例如，我告訴他們，泡麵含鹽量太高，上面寫著一二八%，換句話說，一小包的含鹽量，已經超過一個人一天所應攝取的鹽量，是很不健康的食物。

買菜時，我讓孩子去比較乾麵條、麵線、醬油裡的含鹽比例，發現不同廠牌之間差異很大。日本食品十之八九含味精。看習慣成分表之後，他們成了幫手，會幫我篩選。久而久之，他們就養成了判斷食物健康與否的能力。

有一次在店裡面，他們說：「泡麵很好吃，可不可以買一包？」還開玩笑說：「不買的話，我們的心會受傷。」我說可以，選一包低鹽的，含鹽量在一百以下的。結果我們把所有架子上的泡麵都翻過一遍，全都超過一百。

我說：「好吧！那你們就隨便挑一包吧！」

但他們說：「媽媽，不要了，想想還是太不健康。」「確定嗎？要確定以後不會有心靈創傷才行。要不然我以後要花兩百塊美金一小時，讓你去看心理醫生，划不來。」

他們一再保證：「確定。」

兩個孩子從小除了不吃苦瓜，從不挑食。零食的選擇，如糖果，我告訴他們，水果是天然的糖果，多吃水果少吃糖。如果眞要吃，找沒有色素的，一天一顆。像洋芋片之類，一般又油又鹹的，所以我教他們去看成分表，選低鹽低油的，最好是烤的，而不是油炸的。近一、二年發現反式脂肪的壞處，又多了一個注意事項。汽水則盡量不喝或買不是用糖精做的。

孩子逐漸大了，雖然接受那些健康概念，但在朋友家、學校或生日派對上，接觸那些所謂「不健康」的零嘴，嚐到甜頭，有時兒子也會說，垃圾食物遠比健康食品好吃，「想想看，如果是垃圾食物又不好吃，那有誰要吃啊？」所以，偶爾我也會通融一下，想想生活中要健康也要快樂，有時也不用太過嚴格，不是嗎？

在聖荷西的兒童博物館裡有一區可以畫臉。女兒自己畫，塗了一臉，連媽媽也不放過。回到家還不肯洗掉，直到爸爸拍了照才算數。我沒責罵她把自己弄得髒兮兮，相反的，我很珍惜孩子的創意。

6 當孩子犯錯時，別急著罵！

一位老和尚養了很多蘭花，他外出前，囑咐徒弟要好好照顧蘭花，

結果徒弟們沒注意，不小心把蘭花養死了，大家都很害怕師傅回來會生氣。

結果老和尚回來，知道蘭花死了，他只說：「我養蘭花，一是為了供佛，

二是為了美化寺院，不是為了生氣。」

其實我們養兒育女不也是這樣，絕不是為了生氣。

成長其實就是學習犯錯的過程。

孩子會犯錯，就是還有許多的未知需要去學習。

父母絕不要讓自己成了只會批評責難的惡人。

因為你的處罰，傷的是孩子的心，破壞的是親子間最寶貴的關係。

允許孩子犯錯

曾經有一位頂尖的美國科學家被問到成功的祕訣時，他講了一段三歲時的故事。

有一天，我開冰箱拿牛奶，手一滑，瓶子掉到地上，牛奶灑了一地。媽媽看了，只對我說：「好久沒看過這麼大的牛奶坑（puddle）了，你一定很想玩，給你十分鐘好好玩一下。」我盡情地玩了十分鐘。之後，媽媽說：「犯錯沒有關係，但是要承擔後果。所以，這兒有抹布、海綿和拖把，任你挑，我們來把地板清乾淨。」

等地板清理好了，媽媽又說：「牛奶瓶沒拿好，可能是方法不對。我們到後院去練習，也許可以找出問題的癥結，下一次，你就不會把牛奶灑了一地了。」在院子裡，媽媽把牛奶瓶裝滿了水，我一次又一次的練習，終於領會了拿穩奶瓶的訣竅。

整個過程中，我學到犯錯並不可恥，重要的是要能接受事實，知道爲什麼犯錯，更進一步找出可行方法，避免再犯同樣的錯誤。這個觀念讓我在做實驗屢次失敗時不會氣餒，反而把失敗當作是下一次成功的希望。

這位科學家媽媽的智慧令人佩服。犯錯不可恥，這是科學家學習到最好的教育，讓他受用一輩子。

對父母而言，孩子犯錯，尤其是一再重複的錯誤，會讓父母很挫折，甚至引起情緒性的反應，這是可以理解的。所以情緒管理是父母最重要的功課

親子學習樂園

孩子犯錯時，請客觀地描述問題，避免責罵的語氣。用責怪的語氣去糾正孩子的行為，往往達不到目的。責怪的語氣隱含的是「你是錯的」。對父母來講，孩子的確是犯錯。但孩子也是很愛面子的，即使知道錯，在被氣急敗壞地指責的當下，絕對不會承認自己不對。

之一。

要讓自己冷靜下來，有很多方法可以嘗試。美國一個預防虐待兒童的機構，印發一本小手冊，提醒父母在生氣時，有十二個方法可以幫助自己緩和情緒。

一、深呼吸，一個不夠，再一個。然後提醒自己：你是一個成年人。

二、閉上眼睛，想像你聽到孩子可能聽到你衝口而出的話。

三、緊閉雙唇，數到十，甚至二十。

四、讓孩子坐到「暫停椅」。一歲一分鐘，兩歲兩分鐘，依此類推。

五、自己也去坐「暫停椅」。想想看，你為什麼那麼生氣？真的是孩子的問題嗎？或者孩子只是宣洩憤怒的對象而已？

六、打電話給朋友。

七、如果有人可以幫你看著孩子，到外面走一走。

八、洗個熱水澡，或是往臉上潑冷水。

九、用力抱著枕頭。

十、放些音樂，或跟著音樂一起唱。

十一、拿出紙筆，盡可能想些有幫助的字，寫下來，把它保留下來。

十二、讀這張單子。

等到自己可以冷靜下來，再來面對孩子。人都會犯錯，連我們大人都免不了，更何況自制能力尚未發展健全的孩子，父母要保持寬容的心態，避免情緒性的反應，才能從孩子的角度出發，有效地把它當成教育的機會。過度的責怪，反而會讓孩子沒有機會反省自己。

客觀描述問題

孩子犯錯時，請客觀地描述問題，避免責罵的語氣。把你看到孩子做錯的地方，或弄亂的地方描述出來就好，不需要去批評或責罵。譬如說，孩子把玩具撒了一地，你可以對孩子說：「你一定玩得很開心，但客廳已經沒有地方可以走了，把這個地方收拾一下吧！」而不是：「你看！你把玩具弄得到處都是，我們怎麼走路？」

用責怪的語氣去糾正孩子的行為，往往達不到目的。責怪的語氣隱含的是「你是錯的」。對父母來講，孩子的確是犯錯。但孩子也是很愛面子的，即使知道錯，在被氣急敗壞地指責的當下，絕對不會承認自己不對。有時即便在被責怪下承認自己不對，但一轉身就忘了。下回碰到同樣的情境，不被允許的行爲還是再度出現。因爲在媽媽砲火般的轟炸之下，孩子是沒有機會去反省自己的行爲的。

避免在氣頭上說教

簡單的指令或姿勢，有時就可以達到目的，而不需長篇大論或嘮叨不停。譬如說，孩子出門時，午餐飯盒忘了拿，與其跟他說：「你的午餐呢？你看你又忘了，要提醒你幾百次你才會記得?!」不如說：「嗨，午餐。」或者說「嗨，請看！」然後比一下飯盒。又如出門前，孩子拖拖拉拉，還在玩他的玩具，與其跟他說：「趕快走了，不要再玩了，每次都這樣子！」不如走到他面前，擺一個「走」的姿勢，對他說：「先生，請上車！」

我們教育孩子，常常是在孩子做錯事時，但事實上，在責備孩子的時候，尤其是兩方都已經很不高興時，那時候父母的話，孩子是聽不進去的。次數多了，孩子就會把你的說教當成耳邊風。做父母往往會很挫折，因爲道理說盡了，孩子怎麼還是老樣子？事實上，因爲你選擇在氣頭上來說教，通常是達不到任何效果的。

譬如看到孩子浪費食物，當場應該就用堅定的語氣對孩子說：「食物是不可以浪費的。」來制止他的行爲，這樣就可以了。至於不要浪費的理由，譬如你自己小時候有很辛苦的成長經驗，或非洲有許多挨餓的小孩，或要懂得去珍惜地球的資源等等，要另找時間和孩子好好的溝通。只有在你和孩子心情愉快的時候，用講故事或其他有趣的方式，和孩子分享你對一些事務的看法，孩子才能眞正的聽進去。

避免翻舊帳

還有就是不要翻舊帳。

我們自己也不喜歡被翻舊帳，何況是孩子。過去犯的錯，對任何人而言，都是很大的包袱。翻舊帳，容易挫傷孩子的自我形象。孩子愈大就愈懂事，他犯錯時，如果你原諒他，他心裡會很感激的。

把孩子犯錯變成教育的機會，是很簡單的道理，但在當下，父母常會氣急敗壞地把孩子罵一頓，而忘記了孩子可以從中學習到的寶貴經驗。如果孩子犯錯，父母不急於去處罰、責怪孩子，而用正面的態度去面對，小孩子學到的，就是不怕犯錯的勇氣，和正向學習的態度。未來孩子在碰到學習瓶頸或困境時，他會較能坦然面對，用正面的態度面對。他會對自己說：「我可以試，我可以想辦法解決。」而不是一碰到問題，想都不想就以一句「我不會」，把問題推給父母或老師。

從孩子成長的角度來看，犯錯是學習中必備的養分。在學習過程中，允許孩子犯錯，把犯錯當作是孩子學習過程中的自然現象，去包容孩子的錯誤，孩子從你的包容中就可以學習不怕犯錯，了解碰到問題時不必懊惱，這會是他一輩子最寶貴的資產，也是爲人父母的能給孩子最珍貴的禮物。

乖，不一定是好事

小時候，常聽到大人喜歡稱讚孩子「好乖」。在一次演講中，我告訴父母說，孩子乖，並不見得是件好事。有一位爸爸很不解，問我：「乖爲什麼不好？」

一般所謂乖，就是孩子的行爲合乎大人的期望。孩子做一件對的事，背後的原因不同，日後行爲就有很大的差別。例如，我們覺得孩子很乖，不會打弟弟。不會打弟弟，是因爲害怕被爸媽處罰，還是知道出手打人不對，這是很不一樣的。如果他不欺負弟弟，只是因爲害怕爸媽生氣，他日後在學校跟同學有衝突時，還是可能會有動手打人的行爲，因爲他並不覺得這是不可以做的事情，更何況爸爸媽媽沒有在身邊，外在的約束力量不存在了。

所以，我們期望孩子是打從透過理性的了解而相信，打人是不對的行爲，而不只是畏懼處罰，或是害怕權威，惟有這樣，打人的行爲才能徹底的消失。

當然孩子在了解道理之後，還是有可能繼續錯誤的行爲。如再次出現打弟弟的行爲，此時我們可以使用「後果」的處理方式。如在家訂下規矩：「不可以打人，一旦打了人，就取消玩電腦的時間」。但很重要的是，要告訴他：「這樣做的目的不是爲了處罰你，而是要藉由那些後果來提醒你，打人是不對的事情。」

另外有一種乖，是出於討父母的歡心，這種情況老大最明顯。老二出生後，老大可能有的反應之一就是會非常賣乖。孩子如果做任何事情，都只是爲了討父母的歡心，長期下來是會有問題的。因爲他缺乏內在動機，沒有自我，都在爲別人而活。很多這類的孩子，到大學都會有情緒和心理的問題。

幫助孩子從他律到自律

在很多演講中，我常問聽眾：「你希望你的孩子長大是什麼樣的人？」很多爸媽都告訴我，希望孩子長大能獨立自主、懂得尊重別人、熱愛學習。

想要有這樣的孩子可得從小、從生活中的一點一滴教起。

孩子打從呱呱落地到成人，是學習從剛出生的無律到他律，再從他律到自律的過程。而幫助孩子從他律到自律，可說是我們養育孩子的目標。孩子小時，我們給他引導，設定規範，這是所謂的「他律」。隨著孩子慢慢成長，到青少年時期，我們要把管理自己的權利歸還給孩子，讓他管理自己，我們只是在旁呵護，只要他不越過界，盡量允許他去嘗試，讓他從他律過渡到自律。

儘管孩子可能現在還小，我們在教育的過程中，要常常自問：我現在這樣教他，是在教他愈來愈依賴父母？還是在給他一套規範，讓他以後可以自

親子學習樂園

喜歡看球賽的人一定很熟悉所謂的「暫停」，當雙方打得戰況正激烈時，輸的一方教練會叫暫停，短短的幾分鐘內，不但讓球員有喘息的機會，加上教練的面授機宜和打氣，有時真能扭轉頹勢。這種暫停的概念，也被應用在教養子女上。我們小時候被罰站，也可以算是一種「暫停」。

己管理自己？

從這樣的目標出發，我們可以釐清教養的長遠目標和短期效果之間的差異。要培養孩子的自律性，必須從小開始，更要善用孩子與生俱來的自主性，這也就是我們在書中一再強調的，要守護孩子的自主性。

至於管教的方法，不管是處罰，或坐「暫停椅」，或獎賞，即使一時有效，只能治標不治本，達到短期的約束效果。孩子的犯錯，父母應視爲是了解孩子心理的窗口，深入了解孩子行爲背後的眞正原因。例如，老大打弟弟的原因，是否出自於吃醋的心理，是否反應了孩子心裡的不安全感等。除了教他打人是不被接受的行爲外，更重要的是，父母應該多安排一些和老大一對一的相處時間，跟孩子做些他喜歡的活動，從根本消除孩子內在的焦慮。

「暫停椅」的受害者

在美國最常用的管教方法，首推「暫停」。很多媽媽常問我，該不該用？怎麼使用？

喜歡看球賽的人一定很熟悉所謂的「暫停」，當雙方打得戰況正激烈時，輸的一方教練會叫暫停，短短的幾分鐘內，不但讓球員有喘息的機會，加上教練的面授機宜和打氣，有時眞能扭轉頹勢。這種暫停的概念，也被應用在教養子女上。我們小時候被罰站，也可以算是一種「暫停」。

有些媽媽問道：「孩子發脾氣、鬧情緒時，自己也很生氣，把孩子關浴室或他的房間，暫停一下，這種方法好不好？」如果你的目的是要孩子獨處一下反省自己，甚至更進一步可以改正錯誤，你一定會失望的。因爲把孩子關起來，小小孩會害怕，以爲父母不要他，通常會哭得更厲害，不可能反省自己。學齡兒童也許害怕少些，但多了一分憤怒（爸媽爲何要如此待我），對行爲的改善也毫無助益。

曾有位媽媽提到，三歲的孩子每天哭著不肯上學，經過了解後，發現老師常常把這個孩子「暫停」，讓他獨自坐到角落的「暫停椅」。另一位日本朋友的五歲兒子上學三個月以後，行爲變得很奇怪，在學校喜歡裝小丑搞笑，父母常常接到老師的通知，要求對孩子多加管束。爸媽不知如何是好，於是請教我。

我進一步了解才發現，打從開學，孩子因較坐不住，常被罰坐「暫停椅」。我對父母解釋，孩子採用搞笑去贏得注意，是為了彌補低落的自尊心，把同學的笑聲當成對自己的肯定。沒想到卻惹惱了老師，更成了「暫停椅」的常客，因而落入一種惡性循環。因爲老師很難溝通，最後建議他們將孩子轉學，換了環境一年以後，孩子的行爲才完全改善。

以老師的立場，把孩子暫時隔開，讓孩子冷靜下來，不干擾上課的做法是可以理解。但從孩子的立場，被孤立在小角落，無形當中被貼上了「壞孩子」的標籤，這是很沒面子的，會打擊他的自尊心。「暫停椅」是許多學校普遍採用的管教方式，只是不知有多少孩子是椅上的受害者。

這種「沒面子」的感受，也會發生在有兩個以上孩子的家庭。任何一個被「暫停」的孩子最大的痛，不在被「暫停」的事實，而是在兄弟姐妹前被處罰，那種沒面子的挫敗感，有時甚至會把這股怨氣發洩在另一手足身上。

所以，用暫停作爲處罰，要三思。

「暫停」是給大人的緩衝

在我的解釋，「暫停」應是在給氣頭上的大人一點緩衝，目的絕對不是要處罰孩子；應把它視爲讓親子雙方平息情緒的時刻，讓彼此有機會心平氣和把問題澄清。所以，可以用「暫停」，但要對孩子說明白：「現在媽媽和你一樣激動，我需要走開一下，因爲我不想說或做我會後悔的事。等我們都冷靜了，再回來討論。」如此說，可以讓孩子明白媽媽沒有因我鬧情緒而不愛我，同時也是對孩子在面對與他人衝突時的一種示範：先冷靜自己，不作純情緒反應。

孩子鬧情緒時，除了走開之外，你也可以告訴孩子：「媽媽在這裡陪你，你要講什麼，等你準備好，你可以跟媽媽說。」年紀小的孩子可以用如「媽媽可以讀一本書給你聽」或「你不可以吃糖，但我可以切一個蘋果給你吃」等轉移注意力的方法轉化他的情緒。

孩子說謊時

有些爸媽問我：「孩子打了妹妹，明明是他做的，還辯說沒有。這麼愛說謊，怎麼辦？」

一般來說，孩子知道自己做錯事時，爲了不要面對父母的生氣，以及隨之而來的可能處罰，於是「否認」成了保護自己的最佳方法。而這種行爲，我們往往稱之爲「說謊」。

很多父母要孩子誠實，但當孩子說實話後，卻大發雷霆，把孩子狠狠修理一頓。如果承認的結果是懲罰，孩子說謊可說是父母促成的。所以小孩會不會說謊，和父母的處理方式有關。父母要與孩子溝通自己對犯錯的態度：犯錯是學習的機會。你要讓孩子相信爸媽的角色，是在了解事情是怎麼發生的，在教導自己怎麼解決問題，以及如何可以避免犯相同的錯誤，而不是要處罰孩子的人。

孩子說實話時不要處罰

通常孩子在做錯事時，心裡是很害怕的，尤其是小小孩。要鼓勵孩子說實話，就是當他說實話時，不要處罰，反而要告訴他：「你勇敢承認，媽媽（爸爸）很高興，但是我們現在要善後。」希望孩子因而正面看待犯錯，而不會去逃避或掩飾。

所謂善後指的是讓孩子承擔錯誤的後果。譬如，孩子把水倒在地板上，可以拿抹布請他擦乾；玩具亂丟，請他收拾。孩子若年紀太小不能自己做得完善，可以和他一起做。做完了就誇他是個負責的孩子，讓孩子相信自己是

親子學習樂園

有別於為了掩飾錯誤而不說實話，有些孩子會講一些沒有發生的事情，或編造一堆聽起來像不可能發生的故事，這也令很多父母不安。其實，七歲以前，孩子想像力特別豐富，常常幻想，這是很正常的。那些怪獸或外星人的故事，都可以是你進入孩子想像世界的窗口。

個可以負責的人。而若是行爲上的錯誤，就讓他道歉。比如兒子小時候打了或咬了妹妹，即使妹妹只有幾個月大，我仍然要求他對妹妹說「對不起」，也算是負責的另一種表現吧。

兒子兩歲半時，有一天和九個月大的女兒一起在客廳，女兒突然發出尖叫。我跑過去一看，她胖胖的小腿有一排很深的齒痕。

我問兒子有沒有咬妹妹，他回答說：「我不小心的。」體諒他可能是吃醋心理使然，我沒對他生氣，只是告訴他：「這理由我很難接受。妹妹坐那兒不動，小腿自動跑到你的嘴裡，讓你不小心咬下去，這種事很難相信。你老實說。」兒子就說：「我有咬妹妹。」我沒處罰他，只對他說：「妹妹很痛，不可以再咬了。」

當他第二次咬妹妹時，他馬上坦承。我對他說：「媽媽教妹妹要愛哥哥。可是你在教他咬人是好玩的事。你再做，哪天妹妹咬了你，媽媽是不會怪妹妹的。」

果眞在被咬了三次以後，有天女兒爬了過去，以僅有的幾顆小牙狠狠咬了哥哥一口。兒子大哭之後，我再度提醒他：「妹妹最喜歡學哥哥。你不要她咬你或打你，就不要對她做那些事。」兒子也眞的學到了教訓，再也沒咬過妹妹了。

平靜拆穿謊言

孩子否認或找理由脫罪時，存的是一種投機心理：如果爸爸或媽媽因搞不清楚狀況，而接受了自己所說，就可以逃過一劫。所以杜絕孩子企圖掩蓋錯誤行爲的另一種方式，就是平靜地拆穿謊言，讓孩子知道媽媽不容易被騙，孩子就比較能誠心認錯。

有別於爲了掩飾錯誤而不說實話，有些孩子會講一些沒有發生的事情，或編造一堆聽起來像不可能發生的故事，這也令很多父母不安。其實，七歲以前，孩子想像力特別豐富，常常幻想，這是很正常的。那些怪獸或外星人的故事，都可以是你進入孩子想像世界的窗口。發揮你的童心，和孩子一起編織你們的故事吧！

有些涉及朋友或學校的謊言，反射出來的，可能是孩子心中的渴望、擔心、害怕或焦慮。父母應用心聽，適時給予協助。不需因此而緊張兮兮，或疑神疑鬼。我只想提醒大家：不要輕易用「說謊」責怪孩子，而錯失了一個了解孩子內心世界的機會。

請先誠實面對孩子

父母也不要隨口說些不實在的話，做錯誤示範。如果父母爲了敷衍或安撫孩子，說了一些自己不會履行的承諾，等於是告訴孩子「大人可以說謊，但小孩子不可以」。這種邏輯，是無法讓孩子信服的。

不要用騙的方式，可避免與孩子發生不愉快。如孩子問家裡有沒有糖，他想吃糖。我的做法是對孩子說：「家裡有糖，但現在不能吃。」我不會說：「我們家沒有糖。」有些大人可能覺得這無傷大雅，不算說謊，但從孩子的角度來看，家裡明明有糖，媽媽卻說沒有，這也是混淆他對謊言的概念。

另外，有些父母用恐嚇的方式阻止孩子的行爲，結果是提供了不正確知識，或扭曲孩子的認知。如孩子大哭時，告訴孩子：「你再哭，警察會來抓你！」讓孩子害怕警察，甚至以爲警察是壞人。類似這種誤導，如大野狼、虎姑婆會吃人等，也是不恰當的做法，完全達不到教育的功能。所以擔心孩子會說謊的父母，請先誠實面對你的孩子吧！

獎賞與讚美

教養孩子，最常用的不外乎處罰或是獎賞。處罰是爲了減少負面行爲，獎勵是爲了強化正面行爲。如果處罰不是好辦法，那獎勵孩子是不是就一定有效呢？

曾有媽媽問我：「我在牆上貼了一張表格，孩子好好吃飯，就貼一張貼紙在上面，集滿十張就可以換一個小玩具。一開始很有效，但一陣子以後，孩子飯也不肯好好吃，貼紙也不管用，怎麼會這樣？」

我想類似的方法很多父母都用，不是貼貼紙，就是畫上星星或笑臉，有的是用糖果當獎勵，甚至練一次琴給十元的都有。但結果都一樣：剛開始好像很有效，但過一陣子就失靈了，逼得父母要一直變化獎賞的內容，希望可以增強孩子的動機，以達到父母對行爲或學業的期望。

爲什麼這些方法剛開始有效，但一陣子就不管用呢？

獎勵只有短暫的效果

其實答案很簡單，以玩具當動機，當玩具不再吸引孩子時，孩子自然失去了動機。在這種方式下，孩子學到的是：「你做什麼，就可以得到什麼」。長此以往，孩子也會發展出一套：「你不給我什麼，我就不做什麼」來回應父母，甚至要脅父母。

有位媽媽也是習慣用物質當獎賞，孩子胃口愈養愈大，長大後有一天居然對父母說：「你不給我買賓士車，我就不讀書，你就別想我上史丹佛！」

我們教孩子的目的，應該是在培養孩子獨立自主的能力。如果用獎勵去

親子學習樂園

孩子畫了一張圖畫，不要只說：「你畫得好棒」，而應該指出哪裡畫得很好。例如，「我喜歡你用的亮麗顏色，讓人看了很開心。」當然，有些幼兒的家長會說：「孩子的畫就只是塗鴉，完全找不出可以稱讚的地方啊。」我的回答往往是：「那就讚揚孩子的用心吧！」

刺激做事的動機，便有如賄賂，只能有短暫的效果。就如成人一樣，要能持續地做一件該做的事，必須有來自內心的動力。

父母應讓孩子學習從做事本身得到成就感與滿足感。如幫助孩子學習自己吃飯，讓他打從心裡相信：「我自己可以吃飯，不用媽媽餵」是件光榮的事；或「我可以自己讀書，不需要媽媽催！」；或是讓他從閱讀中體會：「這本書好精采，好好看！」這種成就感會幫助孩子建立內在的動機，使得他自動自發地重複正面行爲。

其次，是讓孩子了解，他做的所有努力，完全是爲自己，是讓自己變得更好，具備更多的能力，應付未來的挑戰。所以當孩子有好的表現時，要幫他點出來，他所做的努力，是爲他自己，而不是只爲了博得父母的歡心。最後，是幫助孩子去看到自己的進步，進而讓他產生自信。

正確使用獎賞

很多媽媽問：「難道我們就不可以買禮物給孩子嗎？孩子事情做得好的

時候，我們都不能買東西獎勵他嗎？」

不可否認，收到禮物的喜悅，的確會帶給孩子鼓舞。有兩種做法我覺得不會抹殺孩子自動自發的精神：

第一種情形，用在孩子對學習完全沒有動機的時候。譬如，孩子完全不喜歡讀書。爲了讓孩子願意去把書本拿起來讀，可以用讀完一本書貼一張貼紙，集滿十張就可以換一個玩具的方法，目的是讓孩子有個和書本接觸的開端。

但這並不是長遠之計，最重要的，父母應該花心思陪孩子一起讀書，協助孩子去領略書本的樂趣：有曲折離奇的，有感人溫馨的，有令人捧腹大笑的，有驚心動魄的種種故事，可以任由他遨遊；也有許多書，可以解開他的疑惑，幫助他擴展知識。讓孩子打從心裡去感受書本所帶來的喜悅和滿足，這才是孩子一輩子會喜歡書本的動力。一旦孩子開始喜歡書本，那外在的誘因就可以拿掉。

第二種情形，就是當孩子表現好的時候，可以偶爾給他一個獎勵，讓他們知道父母不但看到了他的好行爲，而且很高興他們會爲自己努力。例如，孩子一星期來都很認眞做功課，你可以在週末時告訴孩子：「媽媽看到你在這星期都好認眞做功課，你選一項最想做的事情，我們出去慶祝一下。」或買個禮物送他。最重要的原則是，獎勵不是條件式的，不是「你做什麼，就可以得到什麼」。

讚美的藝術

除了物質的獎勵之外，讚美其實是不花錢又最具鼓舞效果的方法。讚美的應用本身是一門大學問。不當的讚美，也可能產生反效果。例如讓聽的人覺得自己很笨，沒有能力。這種情形通常發生在孩子做了一件很簡單，或早已經會的事情，父母卻誇獎了一番。這時候，孩子可能感受到的不是誇獎，而是「我一定很笨，才會連這種小事都需要稱讚」。

其次，有些讚美讓聽的人倍感壓力。例如考試前對孩子說：「上一次你考第一名（做得很好），這一次一定也沒問題。」這種聽起來像是鼓勵的話，卻讓孩子感受到很大的壓力，會擔心「萬一考不到第一名（做不好）怎麼辦？」

讚美所引起的壓力，有時會讓聽的人想躲開。如果孩子常常聽到「你最棒！」、「你最厲害！」這類的讚美，有時會去找比較簡單的事情來做，以避免做錯，讓父母對自己失望，失去那「最……」的頭銜。所以，如果你的孩子不肯嘗試較難或較有挑戰性的事情，你可以反省一下，是不是給了孩子太多不當的讚美了。

讚美的目的，除了是希望孩子可以把事情做好之外，更重要的應該是希望讓孩子發展良好的價值觀和健康的自尊心。

只稱讚事，不稱讚人

健康的讚美應該是，只稱讚做的事，而不是做的人。譬如說，孩子拿了一個他寫的故事讓你讀，你可以稱讚：「這是一個很有趣的故事，我很喜歡故事的結尾，很令人感動。」而不要說：「你是個好棒的小作家。」

稱讚的時候，可以舉例說得愈詳細愈好。譬如說，孩子畫了一張圖畫，不要只說：「你畫得好棒」，而應該指出哪裡畫得很好。例如，「我喜歡你用的亮麗顏色，讓人看了很開心。」當然，有些幼兒的家長會說：「孩子的畫就只是塗鴉，完全找不出可以稱讚的地方啊。」我的回答往往是：「那就讚揚孩子的用心吧！」你可以說：「媽媽看到你在這裡很認眞的畫了十分鐘，很用心呢！」

讓孩子在你讚美的話語看到了自己做得好、做得對的事情或行爲，更進一步相信自己是有能力做好、做對的小孩。

讚美孩子還有兩件事情要特別注意：一種是避免裝出來的讚美。你的讚美是不是誠心誠意的，孩子可以分辨。有一個媽媽曾分享說，她先生每天回家常常在電腦前繼續工作，當孩子拿他寫的或畫的東西給爸爸看時，先生總是隨便瞄一眼就回答：「好棒！好棒！」幾次之後，孩子再也不拿東西給他看了。我想孩子即使只有三歲，他還是可以感覺出來，你是不是眞心的讚美。

讚美之後別加上但書

讚美之後千萬別加上一個「但書」。例如：「你的故事寫得很有趣，但是字實在太潦草了，把字寫漂亮一些會更好。」

女兒四年級時，有一天我在教室幫忙，有件事讓我印象深刻。課堂上，班上同學坐成一圈，每人輪流把自己的詩唸出來，同學則給予評語。老師要求評語要簡短而明確。當第一個孩子說：「我喜歡你用綠色比喻很深的大海，但是……」時，老師打岔說：「沒有『但是』，今天只說好的。讓你的朋友知道他的詩有多好。」接下來仍有幾個孩子忘了，老師仍耐心地提醒：「沒有『但是』！」一小時以後，每個孩子都眉開眼笑的。或許是被人眞心讚美與肯定的喜悅吧！我則就「讚美」上了寶貴的一課。

有些家長會問：「孩子明明做得不夠好，我們爲什麼不能說？而且有些書上也建議，看到孩子做不好時要即時糾正。」這話不錯，只不過不要選在讚美的同時。試想一下，你打扮得漂漂亮亮的出門，有人對你說：「你的髮型，配上這身打扮好美麗，但是口紅的顏色不對，太暗了，看起來怪怪的。」你的感受如何？如果你覺得這樣的話語會讓你不舒服，將心比心，我們就不要把它應用在孩子的身上，讚美的時候就真心「純」讚美吧！

打孩子，有用嗎？

在我和許多媽媽交換育兒心得的過程中，最常被問到的問題是：「可不可以打孩子？」當我的答案是否定時，接下來的問題往往是：「打很有效。打了以後孩子就不敢再犯了，爲什麼不能打？」甚至有位爸爸還說：「我小時候也常被打，現在回想起來，很感謝父母。若不是他們管得嚴，我說不定變壞了，也不會有今天。」

現齡三、四十歲的爸媽們，在他們的成長過程中，被父母或老師打是稀鬆平常的事，所以不會認爲打孩子是不恰當的管教方法。但在美國，這問題是沒有討價還價空間的。美國有很嚴格的法規保護小孩的權益，父母打孩子，是會被控虐待兒童的。

除了法律的原因，以教育觀點來說，打孩子絕不是有效的管教方法。一、兩歲的小孩，似懂非懂，被打完，轉身就忘了，可能也搞不清楚爲什麼被打。三到五歲的孩子，似乎稍懂事，打了以後問他，會回答得頭頭是道。只可惜，這個階段理智和行爲之間有一段差距。換句話說，道理懂了，可是事情發生時，理智往往管不住行爲的衝動。不是孩子不肯聽話，實在有其智力和心理發展上的限制。所以，在這個時候，打孩子並不能達到預期的管教效果。

六到十二歲的孩子，甚至青少年，心智是愈來愈成熟，但對行爲的控制仍不能達到百分之百的完善程度（即使是成年人不也如此？）。這個年紀的孩子，打了他，就算孩子知道自己不對，仍然會對父母產生憤怒、甚至懷恨的情緒。因爲那一頓打，不只是肉體的痛，最傷的是孩子的心，孩子可能還會有困惑和懷疑：「爸媽眞爲我好的話，怎麼會做出傷害我的事？」所以不但沒達成管教目的，反而傷害親子關係。

孩子因爲打怕了而不敢犯錯，和孩子打自內心知道該行爲不好而不再犯，是兩種不同的行爲。因爲一個孩子如果沒有機會打自內心去反省自己的行爲，他對外在力量的依賴就會愈來愈多，而且還可能有下列三種結果：

一、孩子變成投機者。他會開始計算下次被抓的可能性和被抓到後要付出多少代價。甚至只要有機可乘，就會去做一些被禁止的行爲。

二、孩子變成乖乖牌。他完全聽話，唯命是從。在心理層次上，認爲只要服從命令就沒事，結果變成一個不敢有意見的人。

三、孩子變成叛逆者。事事反抗，青少年期尤其凸顯。有些研究指出，一些小時候是模範生的孩子，到了青春期開始逃學、吸毒、離家出走，做出種種偏差行爲。理由是「我以前是爲父母而活，從今以後，我要爲自己而活」。

親子學習樂園

每個家庭都應有自己的家規。這些家規從小就要慢慢的教給孩子，而且這些家規是家裡每一個人，包括爸爸媽媽都要遵守的。譬如說，「不可以打人」，不應該只是要求孩子不可以打弟弟、妹妹或其他小朋友，爸爸或媽媽也不可以用打來管教孩子。

這三種結果，我想都不是父母樂見的。打不行，罵也不行，父母實在難爲。要怎麼教，孩子才懂得是非對錯，又不傷親子關係呢？

制訂家規

在我們管教孩子的時候，第一要確立行爲規範的界限，也就是可被接受行爲的界限。換句話說，每個家庭都應有自己的家規。這些家規從小就要慢慢的教給孩子，而且這些家規是家裡每一個人，包括爸爸媽媽都要遵守的。譬如說，「不可以打人」，不應該只是要求孩子不可以打弟弟、妹妹或其他小朋友，爸爸或媽媽也不可以用打來管教孩子。想想看，如果你一邊打孩子，一邊告訴他不可以打人，你在教給孩子什麼？你要他發展出怎樣的邏輯？又譬如，家裡要保持乾淨，要求孩子收拾玩具，自己看完報紙卻攤了滿桌，孩子怎能心服口服呢？所以，父母的言行有沒有合一，深深的影響孩子能不能依規行事。孩子不聽話時，別急著處罰，先反省是不是自己言行的矛盾才造成孩子今日的行爲。

孩子三歲以後，在每一條家規的後面要再加上「後果」。讓孩子知道一旦犯了錯，要承擔那些結果。譬如，有位媽媽提到：「孩子喜歡在離電視不到一公尺的地方看，屢勸不聽，把電視關了，就大哭不已。每天爲同樣的事生氣，日子很不好過。」解決辦法很簡單，在適當距離的地方畫一條線，告訴孩子看電視的規矩是一定要坐在線的後面，只要越線，就不能看（後果）。一越線，就把電視關掉。幾次之後，孩子就會懂父母的意思。讓孩子知道規矩背後的後果，有時要多次，孩子才會眞的依規行事。

隨著孩子的長大，父母管教方式也要跟著變得有彈性、更民主一些。到孩子國小二、三年級以後，可以讓他們參與討論，共同擬定家裡的一些共同規範和後果。譬如，不能好好做功課一直是孩子的問題，如果規定是「功課沒有寫完，就不能玩電腦」，那麼到底幾天不能玩電腦是可以和孩子討論的。青少年期的孩子，心理上正在尋求獨立自主，規矩和後果是孩子一起參與決定的，孩子通常比較能夠心甘情願地去遵守。

頂嘴不是壞事

在一次聚會裡，有個四歲孩子的媽媽問道：「我的孩子這麼小就會頂嘴，怎麼辦？」我請她說說怎麼回事。這位媽媽說：「我們出去散步，孩子一直往前跑，快到轉角了，我就叫他停下來。沒想到他竟然說：『我爲什麼要停下來？』這不是頂嘴是什麼？」我問她：「你的孩子想知道他爲什麼要停下來，是很正常的問題，哪裡不對？」這位媽媽想了一下，笑了起來：「是啊！他只是好奇想知道自己爲什麼要停下來，眞的沒有什麼不對啊！」

當我們要求孩子做一件事情，他反問原因的時候，我們爲什麼要把他的問題當做是在頂嘴呢？我們爲什麼要當成孩子是在挑戰父母的權威呢？我們爲什麼不把它當作是孩子的一種求知慾呢？是孩子對事情的原因的好奇心呢？我們一方面希望孩子有獨立思考的能力，一方面又把孩子提出的一些反問當做是頂嘴，想制止他，仔細想想，這不是很矛盾嗎？

體諒頂嘴背後隱藏的情緒

有位媽媽，孩子十二歲，很傷腦筋的問我：「我的孩子現在很會頂嘴，要他做一些事情，不但叫不動，還搬出一堆理由，他是不是已經到了青春期？」我回答說：「你的孩子會頂嘴，你應該高興才是。」這位媽媽瞪大了眼睛：「頂嘴是好事？妳在開玩笑吧！」

我告訴她，如果你把孩子的頂嘴，當做是一個你可以了解孩子的想法或感受的好機會，你應該要感到高興。因爲最起碼，你的孩子會把他的意見或情緒表達出來讓你知道。比起那些不頂嘴，不吭聲，父母永遠不知道他們在想些什麼的孩子好太多了吧！極端的例子裡，不頂嘴的孩子或許是覺得，即使講了，父母只會罵「不要頂嘴」，乾脆沉默以對；或是把心中的不滿壓抑著，等到忍無可忍了，有些就選擇離家出走，甚至有些走上自殺之路。

有時孩子頂嘴，表現出來憤怒的情緒，並不是完全針對父母。曾經有次女兒回到家後，我提醒她一點小事，她就非常的不高興。跟她坐下來談了以後，才發現她一整天在學校過得很不愉快。所以她的生氣，是在把累積一整天的情緒發洩出來，我說的話只是導火線而已。

經過這番了解以後，我和兒子、女兒之間有一個默契：放學回來之後，如果這一天覺得很累，或學校有不如意的事情發生，心情不好，就先告訴我：「媽媽，我今天情緒不好，先別管我。」有了這些溝通，我會尊重他們，讓他們可以有時間化解情緒。等他們覺得舒服的時候，通常就會把困擾他們的事情說給我聽。

依我女兒的說法，不敢在外面罵人，回來卻會對父母發脾氣，是因爲知道父母不會因爲自己耍脾氣而不愛她。我抗議不公平，女兒一臉無奈地說：「不然，我也不知道可以怎麼辦。」也許兒女對我們有這種信賴，我們應該高興吧！

把頂嘴變成溝通

我想，很多父母在孩子過了十歲以後，會有同樣的感受：孩子常常用一大堆「歪理」在「狡辯」。青春期是孩子尋求自我的關鍵期，隨著孩子的成長，做父母的要慢慢調整自己的管教方法。對孩子的態度，不應該是「我說你做，我講你聽」，單方向的權威教導；而應該是以尊重孩子的意見爲出發點去和孩子溝通。所以，應該鼓勵你的孩子把意見或感受說出來。

如果孩子的口氣不好，那倒是可以提醒他們有話要好好的說，告訴孩子：「爸爸和媽媽很願意聽聽你的想法，不過，請你好好地說，口氣不要那麼衝，我們是在討論事情，不是在吵架。」

如果，孩子的想法和意見不會對他個人的安危造成問題，有時是可以讓他試試看的。也許，試出來的結果不很理想，但那也是孩子的一種學習，因爲智慧是經驗的累積。同樣的錯誤，與其讓孩子在二十多歲或三十多歲的時

親子學習樂園

當我們要求孩子做一件事情，他反問原因的時候，我們為什麼要把他的問題當做是在頂嘴呢？我們為什麼不把它當作是孩子的一種求知慾、好奇心呢？我們一方面希望孩子有獨立思考的能力，一方面又把孩子提出的一些反問當做是頂嘴，想制止他，這不是很矛盾嗎？

候才犯，不如讓他在十多歲的時候就已經學到了教訓，畢竟十多歲的時候，即使犯了錯誤，後果也不會太嚴重。

不用「頂嘴」的字眼指責孩子

所以，當我說「我的孩子不會頂嘴」時，並不表示我的孩子沒有一般人所謂的「頂嘴」，只是，我從來沒有把它當作頂嘴看待。我反而很珍惜它，把它當作是孩子在告訴我事情的眞相（被冤枉的抗議），或他選擇的做事方法（獨立思考能力的表現），或他在表達感受（生氣、懊惱、委屈等等）的一個機會。因爲是秉持這樣的態度，幾次之後，孩子也了解爸媽的用心，彼此就可以有「平心靜氣」的溝通。所以，我們家不用「頂嘴」這兩個字指責孩子。

這篇文章是女兒十歲時寫的，當時她很好奇我在寫些什麼，我把內容講給她聽之後，她給了一個建議：「媽媽，你可不可以跟那些爸爸媽媽說，當孩子跟他們講『不要管我』的時候，其實孩子是在說：『我需要幫忙。』所以，請他們不要就眞的不理孩子，而是要想辦法去了解小孩需要什麼幫忙。」事隔多年，十七歲的兒子看了內容則說：「我不完全同意妹妹的說法。有時候，我們青少年說『不要管我』時，是眞的希望父母不要管，只要父母的尊重和信任。」要不要管，爸媽們請用心明智的判斷吧！

教育教養 EP008

教出這樣的好孩子
幼教博士陳姝伶的媽媽經

國家圖書館出版品預行編目(CIP)資料

教出這樣的好孩子：幼教博士陳姝伶的媽媽經 / 陳姝伶, 余怡菁合著. -- 第二版. -- 臺北市：遠見天下文化, 2014.05
面；　公分. -- (教育教養；EP008)
ISBN 978-986-320-462-6(平裝)

1.親職教育 2.子女教育

528.2　　　　103008659

作　者 — 陳姝伶、余怡菁
事業群發行人／CEO／總編輯 — 王力行
資深行政副總編輯 — 吳佩穎
責任編輯 — 李宜芬、丁希如
封面繪圖 — 吳康琳
封面設計 — 黃淑雅（特約）
內頁設計 — 葉雯娟（特約）
全書照片提供 — 陳姝伶

出版者 — 遠見天下文化出版股份有限公司
創辦人 — 高希均、王力行
遠見・天下文化・事業群　董事長 — 高希均
事業群發行人／CEO — 王力行
天下文化社長／總經理 — 林天來
國際事務開發部兼版權中心總監 — 潘欣
法律顧問 — 理律法律事務所陳長文律師
著作權顧問 — 魏啟翔律師
社址 — 台北市 104 松江路 93 巷 1 號 2 樓
讀者服務專線 —（02）2662-0012
傳　真 —（02）2662-0007；2662-0009
電子信箱 — cwpc@cwgv.com.tw
直接郵撥帳號 — 1326703-6 號　遠見天下文化出版股份有限公司

電腦排版・製版廠 — 立全電腦印前排版有限公司
印刷廠 — 盈昌印刷有限公司
裝訂廠 — 聿成裝訂股份有限公司
登記證 — 局版台業字第 2517 號
總經銷 — 大和書報圖書股份有限公司　電話／(02)8990-2588
出版日期 — 2007 年 12 月 28 日第一版
2018 年 9 月 26 日第二版第 2 次印行

定價 — NT$330
ISBN: 978-986-320-462-6
書號 — EP008
天下文化官網 — bookzone.cwgv.com.tw

本書如有缺頁、破損、裝訂錯誤，請寄回本公司調換。
本書僅代表作者言論，不代表本社立場。

天下文化

BELIEVE IN READING